マンガでわかる!

誰とでも

15分以上

会話がとぎれない!話し方

野口 敏

酒井だんごむし〔シナリオ〕

maki〔作画〕

すばる舎

はじめに

コレで誰とでもラクラク会話が続きます！

自分から話すのは苦手。

面白い話題が思いつかない。

すぐに沈黙してしまう。

会話をするとき、こんな不安を感じている方は少なくありません。

会話は人間関係を築く上で欠かせないもの。会話への不安を取り除き、もっと気軽に話せたら、毎日が充実してきますよね。


ところで、ふだんあなたはどんな話し方をしていますか。次ページをご覧いただき、ご自身の話し方のスタイルを点検してみてください。

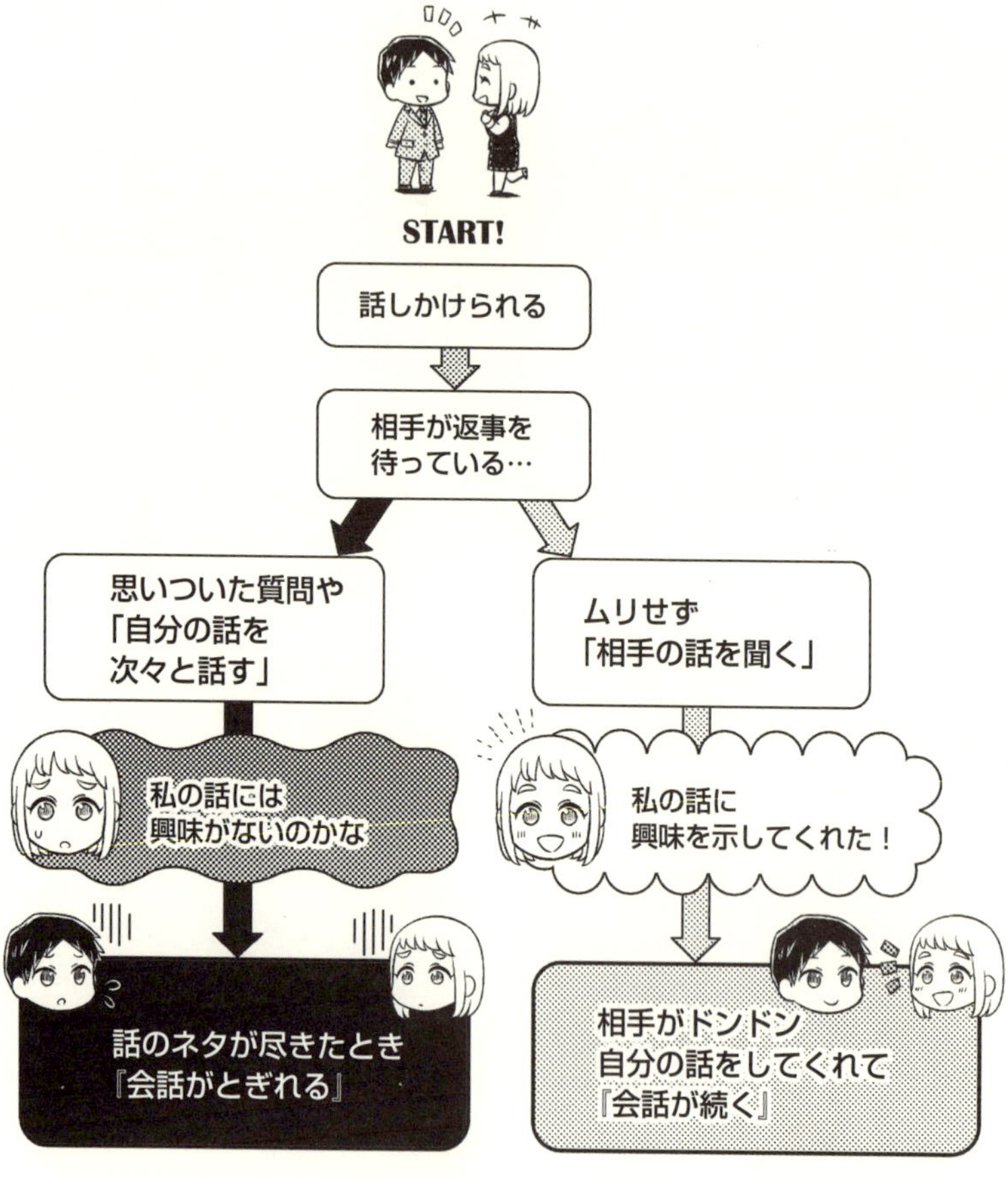
START!
話しかけられる
相手が返事を
待っている…
思いついた質問や
「自分の話を
次々と話す」
私の話には
興味がないのかな
話のネタが尽きたとき
『会話がとぎれる』
ムリせず
「相手の話を聞く」
私の話に
興味を示してくれた！
相手がドンドン
自分の話をしてくれて
『会話が続く』

さて、いかがでしたか。
一方は、相手の話をじっくり聞くことからはじめて、**興味関心を示すパターン。**
もう一方は、次々とネタを振りながら、**自分の話を続けるパターン。**
あなたは、どちらのパターンで話をすることが多いですか。

本書でお伝えするのは前者の方法！
つまり相手の話に興味を示しながら、ムリせず自然に会話をふくらませていくというやり方です。
これなら、相手が好む話題をあれこれ考えたり、話をふくらませるテクニックをたくさん駆使したりしなくても大丈夫。
どんな相手ともムリをせずに、自分のペースで会話をはずませていくことができるようになります。

原則はとてもシンプル！

やればいいことは、ただ一つ――。

それは、自分と相手の気持ちに目を向けること。

会話をするときは、「相手と自分の気持ちをやりとりする」と考えてみてください。名づけて「**気持ちのキャッチボール**」です。会話で伝え合っているのは、自分と相手の「気持ち」なのです。

ぜひ話を聞くときは、目の前にいる人の「気持ち」に注目しながら聞いてあげましょう。

どんな人でも、自分の気持ちを聞いてほしいもの。これはまさに熱望ともいえるものです。聞いてもらうだけで、うれしい気持ちが何倍にもふくらんだり、辛い気持ちだって一気にとけて消えてしまいます。

相手の話はどんどんふくらみ、瞬く間に時間が経ってしまうでしょう。

そして、話すときにも、自分の気持ちを〝ちょっぴり〟伝えてみます。あなたが心の鎧《よろい》を脱げば、相手も緊張感や警戒心を解いてくれるもの。どんな会話もたちまちはずみ、盛り上がることは間違いなしです。

このように「聞く」「話す」いずれの場面においても気持ちに注目し、やりとりするのがポイントです。

たとえば、15分話すステップはこんな感じです。

■まず5分！〉相手の話をとにかく「聞く」
■スイスイ10分！〉自分の気持ちをちょっぴり「話す」
■楽勝で15分以上！〉相手に「質問」しながら話題を広げる

実は、とってもカンタン。気持ちをやりとりするこのステップで、会話は10分、20分、30分と面白いほどふくらみ、はずん

でいきます。ぜひ、一刻も早く試してみてください。

本書は、数多くの読者の皆様からご支持をいただいた「会話がとぎれない」シリーズの中でも、『誰とでも15分以上会話がとぎれない！ 話し方 66のルール』を中心に、より成果に結びつきやすいノウハウを厳選して紹介しています。

「聞く力」「話す力」「質問する力」のほか、「関係づくりのコツ」「複数の人と会話をするコツ」「困った場面でのやりとりのコツ」についても説明していきます。

一つひとつの項目をマンガでさらに丁寧に、わかりやすく解説しているので内容がスッと理解でき、すぐさま実践できるようになるはずです。

では早速、会話力アップの秘訣を一緒に探っていきましょう！

二〇一七年三月

著者

目次

目次

1章 この「聞き方」でどんな人とも会話が続く！

2章

会話がドッとふくらむ！話題選びのコツ

3章

相手がドンドン話してくれる「質問のコツ」

ココも大事！

4章

会話がとぎれそうなときのワザ！

5章 人の輪にスッと入れる話し方

6章

いい関係がはじまる！とっておきの話し方

7章

困った シーン別・会話レッスン

装丁……………石間 淳
レイアウト……草田みかん

主な登場人物

野田ヒトミ

カフェを経営。もともと人見知りするたちだが、前職での経験を経て、人と話すことが大好きになる。私生活には謎が多い。独身。

竹本サトシ（23）

根は明るいが、会話力に自信のない新人営業マン。日々、仕事やプライベートで悪戦苦闘している。そのうえ、会社に難題を突きつけられ頭を抱えている。

日比谷ルミ（26）

アパレル会社に勤務し、企画部に所属。リーダー職に就いてから何かと気苦労が絶えない。ヒトミとおしゃべりする時間が何よりの気分転換になっている。

プロローグ

どうしよう…あと1か月でなんて…
えっ…創立50周年パーティーでぼ、僕がお客様をおもてなし…ですか!?
そ…そんなのムリです…できません
あわわ
竹本サトシ（23）新人営業マン
難しいのはわかっているが新人の仕事だ
け…欠席…とかダメですか?
バカ言うな！全社員出席に決まってるだろう
で、でも営業先でもお客様と3分も会話が続かないし
えーとえーと
同僚ともうまく話せなくてすぐ黙っちゃうのに…
ひえええっ
1か月でなんとかしなさい！

15分以上
会話が続くよう
特訓すること！
とぼ とぼ
はあ…
って
言われても…
あ…
良さそうなカフェ
カラン…
いらっしゃいませ
野田ヒトミ
カフェ店主
こ…コーヒー
かしこまりました！
お疲れのようですね
はい…ちょっと…
カチャ
お待たせしました

何もかも忘れたいって気分のときもありますよね
できればそう…したいです
お姉さんもそんなときありますか？
そうね…でもこのコーヒーのおかげで頑張れそうだわ
あらうれしい！
それで――
あれ？
会話が続いてる！
ビクッ
ご、ごめんなさい僕初対面の人とこんなに長く話せたことがなくて…
？
もしかして…何か会話について困っていらっしゃいますか？

実は…1か月後の会社の創立パーティーでお客様のお相手をしなくちゃいけないんですが
会話が続かなくて困っているんです
よかったら私がレクチャーしましょうか？
え？
会話に必要なのはちょっとしたコツだけなんです
それに会話って本来とっても楽しいもので
自分の世界を広げられる一番身近なツールだと思うんです！

お店にいらしたときに少しずつでも学んでみませんか？
あれ？
もしかして…アナウンサーの野田ヒトミさん!?
7時ニュース
野田ヒトミ
ハッ
あ…はいそうです
髪型変わってて気づかなかったわ
どうしてここに？
私人とお話しするのがものすごーく好きで
いろんな人ともっとゆっくりお話できるようにお店開いちゃったんです
CAFE
だから話し方で悩んでいる人を見つけると
放っておけなくて…

すいません おせっかい でしたね
いいえ！ こ…こちらこそ お願いします！ 竹本といいます
ばっ
日比谷です 私も教えて ください！
日比谷ルミ（26） アパレル会社企画部
問題なさそう なのに…
それが 会社で今月から チーム リーダーに なったんですが
会話をしてるのに コミュニケーションが うまく取れなくて 悩んでたんです
大丈夫！ みんなで楽しく ゆっくり 頑張りましょう！
こうして
僕たちと ヒトミさんとの 話し方レッスンが はじまったのです

1章

この「聞き方」でどんな人とも会話が続く！

話し方レッスン
1回目
CAFE
カチーン
コチーン
竹本さん
緊張して
いらっしゃいます？
は、は ハイ
カチン
コチン
レッスンで
話さなきゃって
思ったらドキドキ
してしまって…
安心してください
今日は話し方の
レッスンはしません
よかった〜
ふにゃあ
話し方じゃない
とすると
今日やるのは
…？

それは
「聞き方」です！
「相手の気持ち」を想像して…
しっかり相づち
「相手の気持ち」を言葉に
話の核心まで待つ
返事のフレーズいろいろ
会話は一人でできるものではありませんよね
たしかに
相手も話してくれないと会話って続かないですね
そうなんです
話すことが苦手なら聞くことからはじめるとカンタンですし
相手が話しやすくなる聞き方を学んでいきましょう！
はい！

ココからはじめると カンタンです！

会話がはずむ一番の近道は、聞く力をつけることです。こうした「聞き方のコツ」についてお伝えしていきます。

会話では、お互いの気持ちをやりとりしているとお話ししましたね。

そう、「気持ちのキャッチボール」です！

聞くことならば自分でもできると思う方も多いかもしれませんが、「話がはずむ聞き方」は、ちょっとした訓練が必要です。

聞くときは、相手の気持ちを受け止めてあげる重要な場面です。

ぜひ、相手が「わかってほしいこと」に目を向けてあげてください。

聞くときのコツはいくつかあります。ちょっとしたことですが、やるとやらないとでは大違い。相手の反応が見違えます。

勘所を押さえて聞いてあげれば、相手は次々といいボールを投げてくれるようになります。ではレッスンをはじめましょう！

本章で紹介する内容

・もっと「気持ち」に注目しよう！
・「じっと聞いて」いませんか？
・いきなり質問しないこと
・相手が「共感してほしい」のはココ！
・「共感の言葉」を増やしていこう

1：もっと「気持ち」に注目しよう！

コーヒーどうぞ まずはリラックスしてくださいね
ありがとうございます
この間 同僚と話をしたんですが うまくいかなくて…
それは残念 どんな話をしていたんですか？
あのときは…
聞いてよ！世界一の朝食って噂の鎌倉のパンケーキ店に行ったの！
へー
その店って表参道にもできた有名店だよね？
そうよ
やっぱりお店は混んでたの？
ええ まあね…

ちゃんと聞いて話をふくらませようとしたのに…
……
なるほど…
竹本さんはお店に焦点を合わせていろいろ聞いてみたんですよね
もしかして同僚さんは
聞いてること
PANCAKE
話したいこと
有名人!
それよりも他に話したいことがあったのかもしれません!
えっ!そうだったんですか?
ええ、実は…

会話をするときは
誰もが
『自分の気持ちを
わかってほしい』
と熱望しているんです
「聞く力」
＝
「相手の気持ちを
慮《おもんぱか》る力」
受けとめるよ～
と考えると
わかりやすい
でしょう
そうか…
あせって質問
したりせず
まず聞いて
相手が何を
話したいか
気づけば
いいんですね！
ポン
そうなんです

今日のレッスン

□ 会話の基本は、相手の気持ちを聞いてあげること

ココから
はじめる！

「あせって返事をする」のをやめてみる

よくあるお悩みはこんな場面。突然、相手に話しかけられたときの対応です。いろいろ考えて返事をしているのに、相手の反応がイマイチでなかなか会話がふくらまない。こんなとき、どうしたら会話は続くのでしょうか。

相手の反応がよくないときというのは、話したいことが話せなかったり、中断されたりして話す意欲がそがれているとき。

そんなときは、まず目の前にいる人の気持ちに注目してみましょう。

何を話したいのか、どんな気持ちを伝えたいのか。

ここに焦点を当てて聞いてあげてください。相手の反応は見違えます。

なぜなら、気持ちを聞いてもらうことが、誰もが待ち望んでいる態度だからです。

「話を聞いてもらえて楽になった。ありがとう」と言われたことが、あなたも一度くらいありませんか。

人は自分の気持ちを言葉にして吐き出し、誰かに聞いてもらいたいのです。すると、うれしい気持ちは何倍もの喜びになり、辛い気持ちはとけて消えてしまいます。

話を聞くという力には、本当に不思議で大きな力があるのですね。

会話をするときは
誰もが
『自分の気持ちを
わかってほしい』
と熱望しているんです

たとえば、「会社をやめたい」と言われたら、どうすればいいと思いますか。

「何があった？」「やめてどうするの？」などと先を急がず、そこにある気持ちに焦点を当ててください。

「やめたいぐらい嫌なことがあったんだね」
「そんなにしんどかったんだ」

などと、気持ちをくみ取る言葉を投げかけると、その人は自分の気持ちをわかってくれる人が現れた喜びで、もう話は止まりません。

うれしくなって、ポンポンと思いがけない

話をしてくれるでしょう。それは、いずれその方のプライベートな話へと深まっていくはずです。話がはずむばかりでなく、相手の好意や信頼まで手にできるはずです。

気持ちをわかってくれる人を誰もが求めている

先を急がず、相手の気持ちに目を向けよう

2：「じっと聞いて」いませんか？

竹本さ～ん
じっとしているけど
大丈夫ですか？
ハッ
ひら
ひら
あ、すいません
聞きもらさない
よう必死で
お気持ちはうれしいけど
おそらく相手には
伝わらない
ですね
どうして
ですか？
それは
話し手が
求めているのは
「反応」
だからなんです
enjoy?
話し手
yeah!
聞き手

今日のレッスン

□「聞いているサイン」をしっかり出そう

ココから
はじめる！

いつもより大きくうなずいてみる

人が話をするとき、聞き手に求めているのは「反応」です。

聞き手が無反応だと「あなたの話に興味はない」、もっと悪くなれば「あなたの話はまちがっていると思う」などと否定的に考えていると、相手に受け取られる可能性が高いでしょう。

どんどん話しづらくなり、会話は尻つぼみで終わってしまいがちです。

リアクションがないと、話しにくい

あなたは反応の大きい人でしょうか。

たとえば、きちんとうなずいて「聞いています」というサインを送っていますか。

聞き上手は、うなずき方一つ見ても、話し手の気持ちの変化に合わせて、ゆっくりうなずいたり、強く短くうなずいたりして、ちゃんと変化をつけています。

これが話し手から見ると、すごく熱心に聞いてくれている感じがするのです。

「聞く」とは、耳だけで行う作業ではなく、体全体で行うものです。

いままで、あなたの会話がはずまなかったのなら、それは話題がないせいではなく、「反応」のしかたに問題があった可能性はありませんか。

話し手は「反応の強弱」に敏感！

3：いきなり質問しないこと
昨日は早めに帰りたかったんですが帰宅したのは夜の12時でした
何があったんですか？
聞き手役に慣れてきたみたいですね
おかげさまで
もうワンステップ上を目指して聞き上手になれるクイズをしましょうか！
さっきの竹本さんは「話を前に進める質問」をしてくれました
でも、あのとき私が本当に言いたかったことは何だと思いますか？
何があったんですか？
えっと…？
①帰れなかった理由
②帰れなくてがっかりしたこと
どちらでしょう？
あ、そっか…！
気持ちをわかってほしかったんですね！

そう！まず「共感して」ほしかったんです
こんなふうに共感してみよう
昨日、夜10時まで課長につかまっちゃった
仕事を頼まれたの？
断ればよかったのに
うわー、それはついてないね
くたびれたでしょう？
もし具体的に知っているなら
課長も無茶言うねぇ
など
相手の「＋《プラス》や－《マイナス》の気持ち」に合わせて言葉を選ぶのが
いい反応！
たとえば＋《プラス》感情の話なら
久しぶりに花をもらってうれしかったわ
誰にもらったの？
質問
いいねー！
＋の感情の共感
これだけでもいいんだ！
相手の心を開ける鍵が「共感の言葉」なんです！
共感

今日のレッスン

□ 質問する前に、まず共感！

ココから
はじめる！

ひと呼吸おいて相手の気持ちを想像する

感情表現が苦手な人は、他人の気持ちにも鈍感になっています。

そういう方はまず、その気持ちが「プラス」か「マイナス」のどちらなのかを感じることからはじめてみましょう。

「プラス」と感じたらプラスの反応をし、「マイナス」と感じたらマイナスの反応をしてあげます。

たとえば、同僚に「休日出勤することに

相手の「＋《プラス》や－《マイナス》の気持ち」に合わせて言葉を選ぶのが
いい反応！

相手の気持ちに寄り添うのがポイント！

なった」と言われたとしましょう。

この場合はもちろん「マイナス」の気持ちです。「わー」でも「うわっ」でも、何でもけっこうです。相手の身になって、何らかの気持ちを表現してみましょう。

大事なのは言葉ではなく、あなたの感じた気持ちを伝えることです。その気持ちが伝わると、相手は「受け入れてもらえた」という気持ちになり、ちょっぴりオープンになるのです。あなたに心を許し、秘めたる胸の内を話してくれるかもしれません。

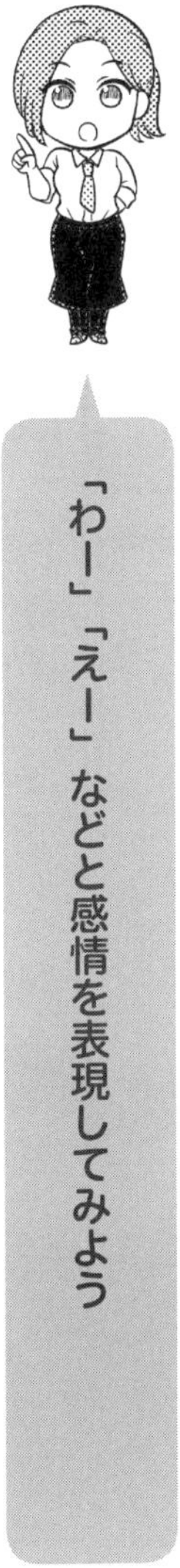

「わー」「えー」などと感情を表現してみよう

4：相手が「共感してほしい」のはココ！

ず〜〜〜ん
やっぱり会話下手を克服するなんてムリなのかな…
待ってください！
もしかしてそれはポイントが違っていただけなのでは？
ポイント？
人は話すときに「わかってほしいポイント」が
〜〜〜
？
〜〜〜
〜〜
会話のどこかにあるはずなんです！
話すときに言葉だけでなく何かを強調していませんでしたか？
……
あっ！
5回も行ったんだよ
回数を強調してました！

共感のポイントがズレてしまうと話し手は話す意欲が落ちてしまいます
残念ながら…
たとえるならこうかしら
かゆい所と違う場所をずっとかかれている感じ
ここだね!
うーん そこじゃない そこではないんだ
これは…トーンダウンも仕方ない
言葉の情報だけでなく「話し手の気持ち」に焦点を当てて聞くとポイントをつかみやすくなりますね
A
B
C
うれしい!
何がうれしかったのかな?
でも話を聞きながらうまく気づけるかなあ…?
どこが強調されているのか感じ取るには「表情や身ぶり」がヒントになりますよ
話し手を見る場合の観察ポイントをまとめてみました!

観察するポイント

今日のレッスン

□ 話し手が強調したい箇所に、共感してあげる

ココから
はじめる！

「身ぶり」が大きくなったところに注目する

話し手のわかってほしいところに共感する。これができると、話し手は話す意欲を増してどんどん話してくれるようになります。

最初は、話し手が共感してほしいポイントがいったいどこにあるのか、見当がつかない場面も多いはず。

話を聞くときは、話し手の声のトーンやしぐさ、表情などをきめ細かく観察しながら、

今年はもう5回も
お花見に
行ったんだよ

わかりやすいサインが出たら、必ずそこに共感しよう

話し手は「いったいどこをわかってほしいのか」を感じる必要があります。たとえば、

- **相手が語調を強めて言っているのはどこか**
- **顔の表情を変えたり、身ぶりが大きくなったりしたのはどこか**

こんな点を観察することで、共感してほしいポイントがわかってきます。

大丈夫、これは場数を踏んでいくことで、どんどん身につく力です。ふだんから話し手の言葉ばかり聞くのではなく、気持ちに焦点を当てて聞いてください。

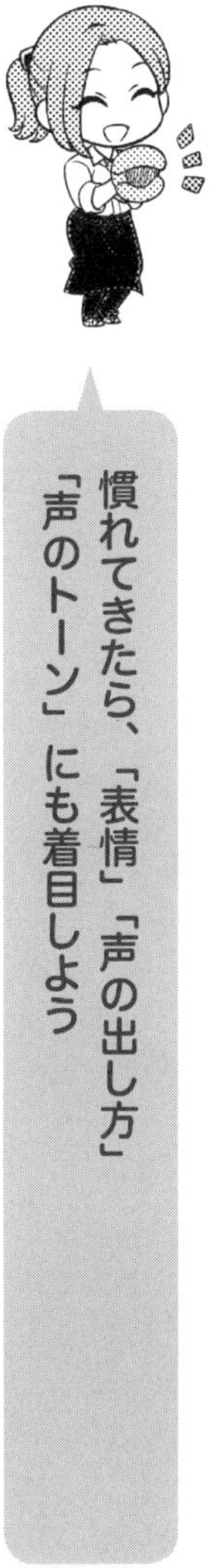
慣れてきたら、「表情」「声の出し方」「声のトーン」にも着目しよう

「共感の言葉」を増やしていこう

共感の言葉で最も多用されているのは「大変ですね」でしょう。
「大変」とは「大きく変わる」と書きますから、大きな苦しみをともなう事態に使う表現だと思います。それを何でもかんでも「大変」と言ってしまうものですから、言われたほうでは「本気でわかってくれてはいない」と受け取ってしまうでしょう。

会話力をつけたければ「大変」に代わる表現を身につけることです。

「今日は残業なんですよ」と言われたら、**「それはしんどいですね」**でしょう。

「子供が4人いましてね」であれば、ネガティブにとらないで、**「それは楽しみですね」**のほうが、話し手はうれしいはずです。

「大変」とともに重宝されているのが「よかったですね」です。こちらも繰り返し使っているうちに値打ちが下がって、話し手の意欲をくじく結果になってしまいます。

「37歳にして、はじめて彼女ができまして。しかも優しい人なんです」と言われたら、「よかったですね」と言いがちですが、ここはもう少し相手の気持ちを深く感じとって、**「それはお幸せですね」**と言ってあげたいところです。

バリエーション豊富な「共感の言葉」をもった人のほうが、話し手の喜びをより大きく刺激するのはまちがいありません。日ごろから「感情表現」に興味をもって、周りの人の表現方法も参考にしながら、取り入れていくといいでしょう。

「大変ですね」「よかったですね」に代わる表現を探してみよう！

2章

会話がドッと
ふくらむ！
話題選びのコツ

今日もよろしくお願いします！
ええ ぜひ！
創立パーティーではどんな方々とお話しする予定ですか？
お世話になった他社の営業さん社員のご家族や引退されたご年配の会長とか…
それは大変！
老若男女問わず楽しめる話題の知識をたくさん仕入れなきゃ！
ゴルフにゲームにおしゃれと…
ガーン
えええっ!!
う・そです！
そんな必要ありませんよ～
ヒトミさん～
も～～っ
それだと話題がとぎれたら会話が終わってしまいますもんね
次はー？
空

ムク
ムク
ムク
話題
相手がノッてきて自分も話しやすい話題選びのコツがあるんです！
ふくらませやすい話題を見つけられれば…？
会話が続きやすくなるってことですね！
話題
そうです！
それでは「話す力」が身につくレッスンをはじめましょう！
はい！
1st step

気持ちに焦点を当てた話をしよう

これから会話をはずませる「話題選び」を中心に解説していきますが、難しく考えなくても大丈夫です。本書でお伝えする「話す力」とは、自分の気持ちや相手の気持ちを考えて、やりとりできる力です。

つまり〝気持ちのちょっぴりオープン〟な会話です。

どんなに些細な会話であっても、人はあなたの「気持ち」を知りたがっています。

たとえば、「ありがとう」と言われても、気持ちがこもっていないと、受け手は全然うれしくありません。反対に「ありがとう」の言葉がなくても、その気持ちがひしひしと伝わってくれれば、私たちは喜びを感じるものです。

繰り返すようですが、会話は「気持ちのキャッチボール」なのです。

会話をするときには、ぜひふだんの気持ち、すなわち楽しい、悲しい、イライラする、辛い、といった気持ちに焦点を当てたお話をしてみましょう。きっとどのようなお相手とも、盛り上がること間違いなしです。

本章で紹介する内容

・はずむ会話はココが違う！
・素朴な気持ちが共感される
・「何気ない行動」が面白ネタに
・どんな人か、わかるように話そう！
・誰とでも盛り上がれる「お天気ネタ」
・「弱さ、いたらなさ」を出したほうがいい
・怒りの感情はどう話す？

5：はずむ会話はココが違う！
同じ「ありがとう」を聞いてもうれしいときとそうでないときってありますよね
気持ちがこもっているとうれしいから返事しちゃいますね
ありがとう!!
ありがとー
どういたしまして
ビシッ
それです！
会話が楽しく感じるのは話題を通して「お互いの気持ちを伝えあっているとき」なんです
気持ちのキャッチボールができる話題がいい話題なんですね！

どうしたらそんないい話題見つけられるんだろう
パカッ
キーワードは「気持ちをちょっぴりオープンにする」です！
誰もが話すとき相手の気持ちを知りたがっていますから
恐れずに「出来事」＋「そのときの気持ち」を表現すればいいんです！
う〜ん そんなドラマみたいなネタ持ってないです…
話のネタ＝感情が高ぶるほどの事件でなくていいんですよ
というと…？

こういったささやかな気持ちで十分なんです
気はずかしさ
目の前で電車のドアがしまっちゃって中の人と目が合っちゃった…
きみの部屋の大きさって何畳だっけ？
えっと…8畳…かな
本当は6畳だけど…
おろかさ
レジに並ぶときついイケメンのいるところに行っちゃうのよね
これなら僕にも話せそうです
ほっ…
浅はかさ
実は借金で苦労してて…
コンプレックス
トラウマ
びよーん
わっ！
大きな感情の波をオープンにする必要はありません
びっくりさせてしまいます

「ささやかな気持ちをオープンにする話題」は聞き手に受け入れてもらいやすいだけでなく
うん うん
あなたに好意をもってしまう魔力も秘めているんです！
最初は話しやすい人で練習してみましょう
はい
少しずつ気持ちのキャッチボールをするうちに
どんな人とも自然に話せて心から会話を楽しめるようになるはずですよ！

今日のレッスン

□ 気持ちをちょっぴりオープンにしよう！

ココから
はじめる！

「おろかさ」「気恥ずかしさ」を感じた場面を思い出す

私がお伝えする「気持ち」とは、どちらかというと、小さくて可愛いものを指します。たとえば、こんな感じです。

「自販機でジュースを買ったとき、出てくるはずのないおつりが１００円出てきたときの〝喜び〟」

「できるだけ安く買いたくて、お腹がすいても値引きシールを貼られるまでお弁当を買うのを待ってしまう〝いじましさ〟」

う〜ん
そんなドラマみたいなネタ持ってないです…
話のネタ
＝
感情が高ぶるほどの事件でなくていいんですよ

人間味あふれる一面は誰もが共感する！

これなら、**誰が聞いても安心して受け容れられますし、こんなささやかな気持ちなのに、相手はあなたに好意をもってしまう可能性も秘めているのです。**

もちろん、コンプレックスやトラウマのように、感情が大きく波打つような部分は、オープンにしなくていいので安心してください。

さあ、あなたも気持ちをちょっぴりオープンにする会話のコツを少しずつでいいのでつかんでいきましょう。

「事実」だけでなく「ささやかな気持ち」も話していこう

6：素朴な気持ちが共感される

この1週間で会話のネタになりそうな出来事はありましたか？
えっと何してたかな…
1 week
う
ん…
ではちょっと質問のしかたを変えてみましょう
少～しだけ
怒ったりうれしかったり悔しかったりしたことはありませんでしたか？
それなら

電車で立ってて
次の駅に
着きそうなとき
前に座っている人が
本をカバンに入れたんで
「降りるんだ！」
と思ったら
次は――
○○―
なんと
その人そのまま
寝ちゃったんです
「紛らわしいこと
しないでくれよ」って
ムッとしちゃいました
それすごく
わかります！
ですよね！
さらに
降りやすいように
体をちょっとずらして
しまったときの
気恥ずかしさったら…！
…
すごいです！
ちゃんと
話のネタが
出てきましたね！
あっ
こういった
素朴な気持ちほど
共感を呼んで
盛り上がるもの
なんです
ある
ある

「心の中でかすかに自己主張している気持ち」に目を向けてみてくださいね！
出来事
ウキウキ
うれしい
さみしい
ムッとした
照れた
これくらいなら一日に何回もありそうですね
そのわずかな気持ちのシッポをつかまえちゃえばこっちのものです！
キャッチ！
きゃっ
きもち
うーんと…
自動販売機のつり銭が10円多かったこととか…？
ラッキー♪
うれしい

今日のレッスン

□ 身近な出来事がネタになる！

ココから
はじめる！

「1週間の出来事」からネタを探す

あなたはこの1週間で、「ちょっとだけムッとしたこと」「ちょっとだけ悔しかったこと」はありませんでしたか。思い出してみましょう。

「素直になれなかったこと」「照れたこと」「ホッとしたこと」「寂しかったこと」「うれしかったこと」など、自分の心の中で、かすかに自己主張している気持ちに目をやってください。**どんな気持ちでもOKです。それら**

この1週間で
会話のネタになりそうな
出来事はありましたか？
えっと
何してたかな…
1 week
うーん…

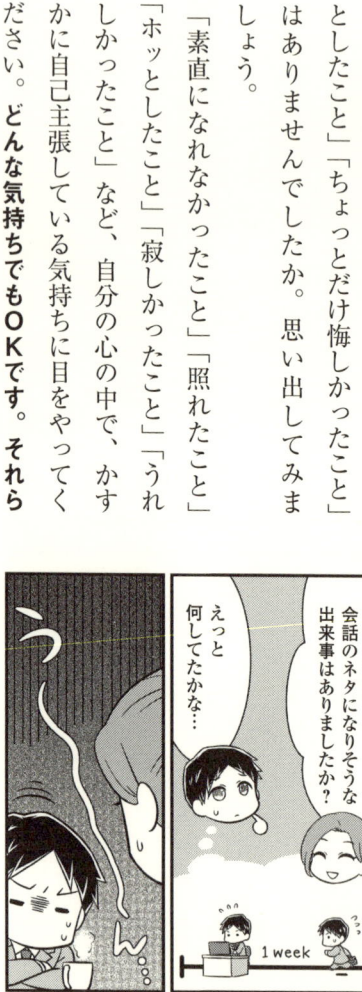

を題材にしてみましょう。

たとえば、おいしいランチの店に行くときのワクワク感や、ひと仕事終えたあとの達成感、帰りの電車で座れないときのがっかりした気持ちなど……。

✖ 自分の心の変化に鈍感でいてはいけない

よくよく考えてみれば、どんな人でも1日のうちで、ちょっとだけムッとしたことや、小さな喜びを感じたことが数回はあるはずです。問題はそのわずかな感情をつかまえきれているかどうかにあります。

あなたも、簡単に話題がつくれます。すぐにでもお試しください。

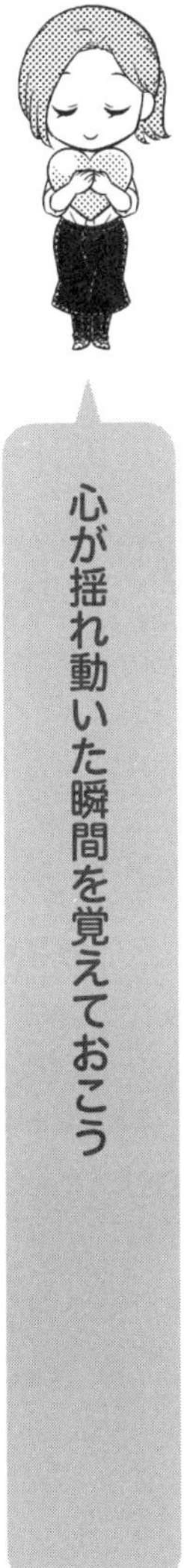
心が揺れ動いた瞬間を覚えておこう

7：「何気ない行動」が面白ネタに

なんとなくネタ探しのコツがわかってきました♪
NOTE
でも最近ネタになりそうな出来事がないような……
はあ…
あら？そうなんですか
ええ朝起きて会社に行って帰る…
一日特に何もないんですよ

大丈夫！
笑いのとれることじゃなくていいんですよ
一日の過ごし方の中にネタはたくさんあるんです
え？いまのでどこに？
たとえば…
朝の時間！
60分
45分
朝起きて家を出るまでの時間は平均で女性は60分男性は45分くらいといわれています
ちなみに私はアナウンサー時代会社に行くとき朝起きてから家を出るまで10分でしたよ
えええっ!?
なんでそんなに短いんですか？

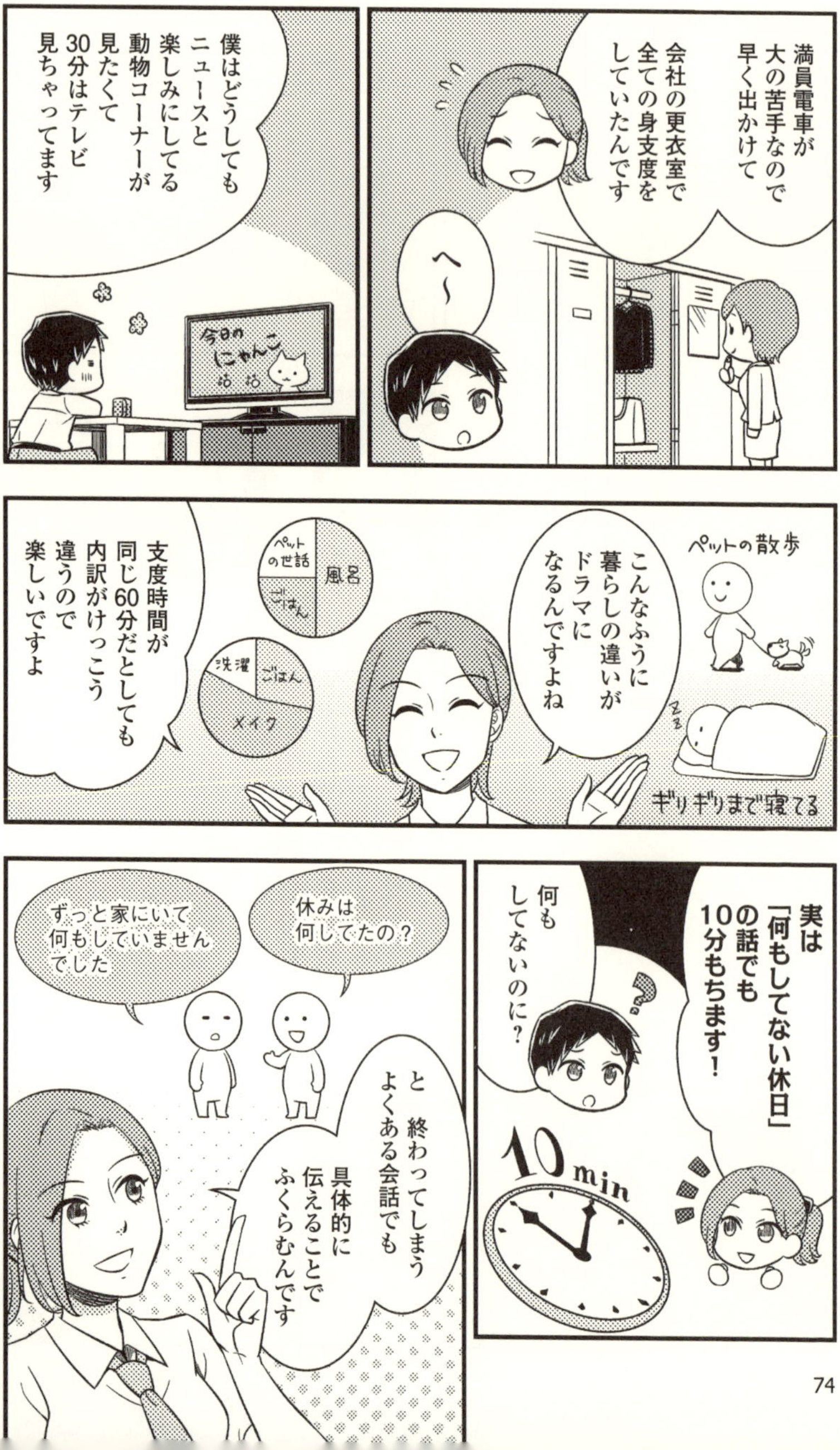
満員電車が大の苦手なので早く出かけて会社の更衣室で全ての身支度をしていたんです
へ～
僕はどうしてもニュースと楽しみにしてる動物コーナーが見たくて30分はテレビ見ちゃってます
今日のにゃんこ
こんなふうに暮らしの違いがドラマになるんですよね
ペットの散歩
ギリギリまで寝てる
ペットの世話
風呂
ごはん
洗濯
ごはん
メイク
支度時間が同じ60分だとしても内訳がけっこう違うので楽しいですよ
実は「何もしてない休日」の話でも10分もちます！
何もしてないのに？
10min
休みは何してたの？
ずっと家にいて何もしていませんでした
と 終わってしまうよくある会話でも具体的に伝えることでふくらむんです

今日のレッスン

□「朝の時間」「何もしてない時間」は格好のネタになる

ココから
はじめる！

朝の〝ドタバタぶり〟を話題にする

人の暮らしぶりというのは本当に千差万別。人の数だけドラマがあります。

自分には当たり前だと思える日常であっても、他人には意外性に満ちた話に聞こえることがあり、その違いが「話題のタネ」になるというわけです。

たとえば朝の時間の過ごし方は、その人らしさが表れる話題の一つです。スローペースの人もいれば、素早く行動する人もいるでしょう。こうした行動の違いが相手の琴線に触れて、楽しいイメージを喚起

一日の過ごし方の中にネタはたくさんあるんです
え？いまのでどこに？

するのです。

その結果、「すごい。10分でちゃんとご飯もトイレもすんでいるの？」「え、２時間も何をしているの？」「家族もそんな感じ？」といった具合に話が広がっていきます。

人によってウエイトをかけているものが違うので、丁寧に話していくと、そこでまたドラマが見つかります。

ぜひ、ご自身についてオープンに話してみてください。きっとお相手も心を開いて新しい一面を見せてくれるはずですよ。

「当たり前」の違いが面白い！

この他、「1週間の中で何曜日が一番辛いか」「ストレスの源」「衝動買いしてしまうもの」「疲れたときのだらけ方」なども楽しい話題になる

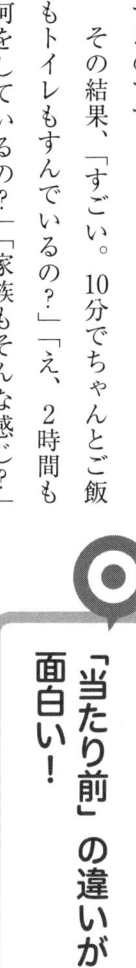

8：どんな人か、わかるように話そう！

竹本さん もしかして…
○○に行ったよ
次は△△に行ってみたいな
という感じで「事実だけ」話してませんでした？
ふーん
あ…はい
会話を盛り上げるには
「どんな人かわかる」ように話したり聞いたりするのが大事なんです
世の中には様々な性格の人がいますよね
せっかち
のんびり
心配性
忘れっぽい
たとえばせっかちさんなら待ち合わせのときどうすると思いますか？
15分前
バス
せっかちさん
15分前には着いていそうですね…

そう！
話すときも
質問するときも
個人の性格がわかる
エピソード…つまり
遅れないようにあわてて
何か一つは忘れ物をする
つっっ
心配でつい
旅行カバンいっぱいに
いろいろ入れてしまう
何気ない振る舞いに
注目すると
面白くなるんです
遅れるのが怖くて
30分前には着きますね
そんなに早く行って
何してるんですか？
人それぞれの
性格があるので
答えも変わりますし
質問も出やすいので
会話はどんどん
広がっていきます
なるほど…
せっかくなので
近くを散策して
おいしそうなおやつ
を買っておきます

これに当てはめるとわかりやすいでしょう
「自分は◎◎のときｘｘなことをする」
例
旅に出ると気が緩んで朝からご飯３杯食べてしまう
「野球が好き」というだけでなく
ひいきチームが勝つとうれしくてスポーツニュースをはしごして夜ふかししてしまう
Sports News
と話すと人間性がわかって親しみがわきますね
そうか…事実だけ話してたから広がらなかったんですね
話す内容を考えるのも楽しくなりそうです！
うん うん♪

今日のレッスン

□ 事実だけ話していては盛り上がらない

ココから
はじめる！

「自分は○○のとき××なことをする」というフレーズを活用する

会話で大事なのは、「お互いがどんな人かわかる」ように話したり聞いたりすることです。そのために「自分がどんなときに、どんな振る舞いや選択をするか」に意識を向けます。

たとえば「旅行」について話すとしたら、「自分は旅行のとき、どんな人なのかな」と考えてみます。話は旅行そのものから離れて、旅行を通じて自分の何気ない振る舞いに向かうのです。

全然
盛り上がらなくて…
もうどう考えて
話せばいいのか…
あれっ!?
ふーん…
ああああ
思い出すのも
はずかしい…

場がシラけたら、素の自分が出ているエピソードを話そう

ちなみに、「うれしくて、1週間前から夜、眠れなくなります」なんていう話がまさに人柄がわかるお話です。きっと、

「そんなに前からですか?」

などという質問が出たり、

「私は3日前ぐらいから眠れなくなり、当日寝坊しました」

なんて、相手がふと思い出したエピソードに話が発展したりして、会話はドンドン盛り上がっていきます。ぜひ、**「自分は○○のとき××なことをする」**というフレーズに当てはめて話してみましょう。いろいろ考えると面白くなってきますよ。

聞くほうも、人柄がわかる話は突っ込みやすい!

9：誰とでも盛り上がれる「お天気ネタ」

今日は会話が盛り上がる鉄板ネタをお教えしましょう♪
わ！何ですか？
それは…
ワク
ワク
weather!
天気の話です！
あ　なぁんだって顔しましたね？
あ…
ぷうっ
天気こそ個性がよく表れる楽しい話題なんです！

「雨の日のあなたはどんな人？」というテーマで会話してみましょう
降水確率何％のときに傘を持って行きますか？
うーん…50％かなほぼ確実ですし
私は30％でとりあえず折り畳み傘ですね
私の友人は0％でも折り畳み傘を持っていて
0%
40％以上になると長い傘も持つので2本になるんです
40%
え？ 2本もどうして？

「長い傘は盗まれるかもしれないから」だそうです
コンビニ
とっても心配性な性格がよく出てますね～
「○○（天気）のときあなたはどんな人？」の考え方伝わったでしょうか？
はい！
その他の質問例はこんな感じですね
傘を忘れたら
どこまでだったら取りに行く？
電車で忘れた傘は
いくらぐらいの値段なら
忘れ物センターに問い合わせる？
どれくらいまでなら濡れてもＯＫ？
梅雨入り前の晴れの日は
どんなふうに過ごしている？
晴れてると
外に出たくなる？
または家のことをしたくなる？

今日のレッスン

□ 天気の話に、自分らしさがにじみ出ているエピソードを加えてみる

ココから
はじめる！

雨の日の〝失敗ネタ〟を集めておこう

お天気にからむ話は、誰にとっても共通していて気軽に話せる話題です。そこで「雨の日、あなたはどんな人？」というテーマで、話を見つけてみましょう。条件は、ほとんどの人に当てはまり、そこに人柄が出るのです。

たとえば、

「雨が降りそうな日、出がけに傘を手にするのは降水確率何％から？」

こういうテーマで会話をすると、互いの個

「長い傘は盗まれるかもしれないから」だそうです
とっても心配性な性格がよく出てますね～
コンビニ

性が表れますし、思わぬエピソードが飛び出したりして、話しやすい雰囲気が生まれます。一般的には、降水確率30～40%で傘を手にする方が多いようです。しかし、なかには、「そのとき降っていなければ、絶対に傘を持たない」という頑固者もいます。傘を持つのが面倒くさくて、濡れて歩いたほうがましだということです。大雨の日に濡れながら歩いている人を見たら、「あら？　あなたは面倒くさがり屋さんですか？」と思ってみてください。

本音を交えたほうが、その人らしさが表れて面白い！

　こんなふうに、天気の話はいろいろなエピソードが飛び出すオススメの話題です。必ずや楽しいひとときを過ごせるはずです。

「雨の日」ネタは、行動の違いが出やすく話しやすい

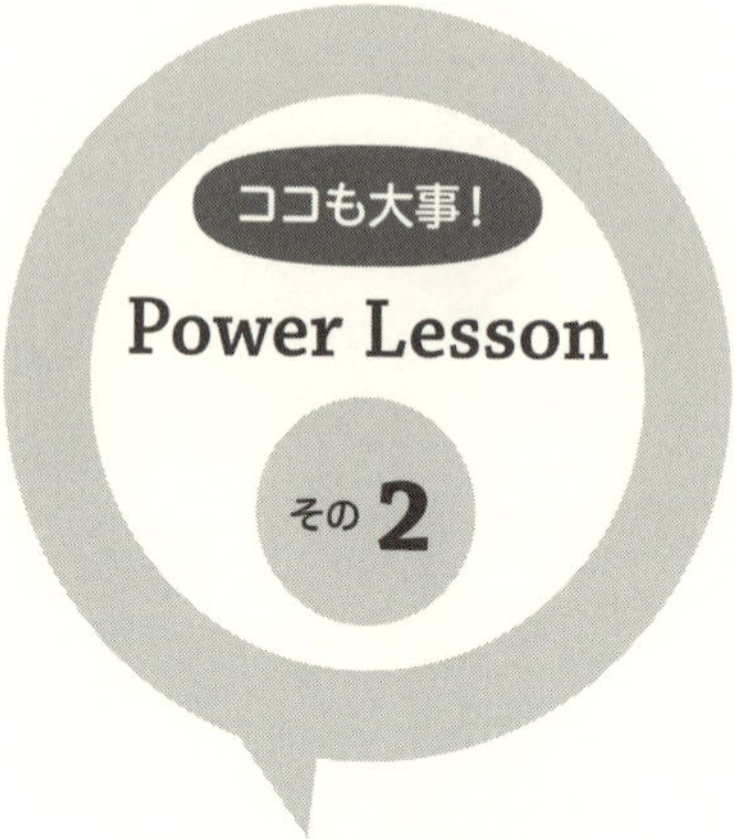

「弱さ、いたらなさ」を出したほうがいい

女性とどんな話をしたらいいいか悩む男性は少なくありません。
そうした方に、私はこんなふうにお伝えします。「自分がいかにモテないかを上手に

エピソードにできたら、すごくモテるようになりますよ」と。

「弱さ、いたらなさ」はその人の持ち味でもあります。必死で隠そうとすると、結局、自分の個性を殺すことになるのです。

ほとんどの人は、大なり小なりコンプレックスを抱えているもの。いたらない部分を面白おかしく語ってくれる人だと、相手も自分のいたらなさを隠さなくていいので気持ちが楽になるでしょう。

とはいえ、いきなり「オレはみんなに好かれる自信がないんだ」などと泣き崩れる必要はありません。もっと小さいこと、たとえば、

「携帯で長文を打つと、2回に1回は完成間近で、おかしなところをさわって全てを消去してしまう」

「大人になったいまでも、オバケが怖い」

「仕事のことを考えるとおなかが痛くなる」

このような話でけっこうです。いたらなさを話題にできるようになれば、人間としての幅が広がったような自由を手にできます。いままでどうしてこんな簡単なことに気づ

かなかったのか、不思議に思うかもしれませんよ。

〝ダメなところ〟に親しみがわく

ココも大事！

Power Lesson その3

怒りの感情はどう話す？

「話す力」は「自分の気持ち」をキャッチする力と密接に結びついています。

実は、自分の感情から切り離されると、自分の本心すら見えなくなり、人に伝えることがなくなってしまいます。


たとえば、あなたが会社で先輩からいわれのない非難をされたとしましょう。その場は素知らぬ顔をしてやり過ごしたとしても、心の中はどうでしょうか。

先輩の心ない言葉に傷つき、怒りがこみあげていないでしょうか。

怒りの気持ちをもったら、そこから目を背けないで、素直に自分の気持ちを感じてみましょう。

そして、あとで恋人や友人に、「今日、フリンしていてストレスがたまっているあの先輩からすごい嫌味を言われてね、腹が立つわ」としゃべってみましょう。

「愚痴は嫌われる」と誤解している人が多いですが、カラッと話せば、ほとんどの人は笑いながら聞いてくれます。

「怒り」の気持ちは、暴力や暴言、陰湿な復讐心などに発展しなければ、感じていい大切な気持ちです。くれぐれも抑圧しないでください。

このほかにも悲しみ、妬《ねた》み、優越心といった気持ちも同じです。

あなたの中から湧き出てくる感情は、全てがあなた自身。本来のあなたです。

ムリに抑えこむとストレスになり、人と関わることに、必要以上に気疲れしてしまうでしょう。日頃から、自分の気持ちを伝える練習をしておきましょう。

カラッと話せば重荷に感じない

3章

相手がドンドン話してくれる「質問のコツ」

CAFE
フラ――…
こんにちは～
日比谷ルミ（26）
アパレル会社企画部
お疲れのようですね
ぷしゅ――…
はあ……
人ってどうしたら
心を開いてくれるようになるんでしょうね～
たしかチームリーダーを任されたとか…
そうなんです

リーダーの私には話しにくいみたいで
職場の雰囲気がギクシャクしているんです
ギクシャク
仕事がやりにくいですよね
それなら…質問を使ってみませんか？
質問？
どんな人でもうちとけてくれる質問のコツがあるんですよ♪
質問のツボとは
たまっている気持ちを尋ねる
嫌になることを尋ねる
「でしょうねー」と相づちを打つなど
ぜひ!!知りたいです！

エピソードが飛び出す尋ね方がある

相手との会話が徐々にふくらみはじめたら、積極的に質問をして、さらに話を深めてみましょう。質問するときによくあるケースが、相手の情報を聞いていくこと。これだと一問一答式の答えになってしまい、会話のラリーが続かず、早々に会話が終わってしまうことが多いのです。

ここでも試してほしいのが、情報のみに注目するのではなく、相手の気持ちを尋ねてみること。たとえば、「カメラが趣味です」というお相手にはこんなふうに、気持ちに焦点を当てて尋ねてみましょう。

「カメラの世界って、奥が深いのでしょうね」

「カメラにこだわりがおありなんでしょうね」

「とびきりの場面を撮れたときは、うれしいものなんでしょうね」

きっと、相手の方は時間を忘れていろいろな話を聞かせてくれるはず。

喜び、悲しみ、怒りなど、どのような感情であっても、まずは、相手の気持ちに焦点を当てて、尋ねてみてください。どんな人でも、喜んで心の内を話してくれるようになるはずです。

本章で紹介する内容

- 気持ちを刺激していますか？
- 話をはずませる「意外なアプローチ」
- こんなフレーズで心をつかめる♪
- 「でしょうねー」と相づちを打つ
- コレなら「知らない話題」でも盛り上がれる

10：気持ちを刺激していますか？

ふだんはどんな質問をしていますか？
When
次のデザイン案はいつ上がりますか？
How
前回の展示会のお客様の反応はどうでしたか？
…といった5W1Hの質問が多いですね
尋問してるみたいで避けたいんですが
そうなんですね
5W1Hのような質問のことを
When … いつ
Where … どこで
Who … 誰と
What … 何を
Why … どうして
How … どのように
情報質問
「情報質問」といいます

何か問題あるんですか？
テニスをはじめたきっかけは？
〇〇選手のプレイに憧れて
どんな練習をしていますか？
ラケットの握り方です
回答が短くなりがちなのが特徴です
返事が短くなると…？
聞き手は常に次の質問を用意しなきゃいけない！
そうです！それでは会話のキャッチボールになっているとはいえませんよね
質問
いつもコレやってます
あう～
5W1Hが悪いわけじゃないんですよ
いいんですか？
はい！もうひと工夫すればバッチリです

「気持ちを刺激する言葉」を追加してみましょう
常に新しいデザインを求められるのってプレッシャーですよね
お客様の反応も気になるでしょうし…
そうなんです！今回なかなかいいデザインが浮かばなくて…
エピソード
気持ち
気持ちを刺激されるとイメージがふくらみエピソードが出やすくなるんです
でも反響が大きかったときのことを思い出すと頑張れるんです！
会話の中で仕事に「喜び」があると気づけたならこういう相づちもいいですね
うまくいったときかなりうれしいんじゃない？
それはやりがいありそうね！
相づちで会話を広げてあげればいいんだ！

今日のレッスン

□「情報質問」以外の尋ね方も取り入れてみる!

ココから
はじめる！

相手の気持ちを言葉にして尋ねよう

ある研修で「話を聞く練習」にチャレンジした男性の話をしましょう。この男性は、女性トレーナーに矢継ぎ早にいくつか質問をしました。

「男性は何歳ぐらいの方が多いですか？」「はじめはどんな練習をしますか？」

最終的には、5つ目の質問で早々に息切れをしてしまい、あえなくギブアップとなりました。

このように5W1H（「いつ」「どこで」「誰と」「何を」「どうして」「どのように」）を使って、**情**

返事が短くなると…？
聞き手は常に次の質問を用意しなきゃいけない！

報を尋ねる質問を〝情報質問〟といいます。これだと、情報をひと通り仕入れたら、それ以上、話を広げることができなくなってしまいます。

✖ 情報質問をして短い返事を集めても、会話はふくらまない

質問するときも、やはり「気持ち」に目を向けると、話し手の反応が全く別のものに変わります。先ほどの男性には、**「それはご苦労もおありでしょう」「辛抱もいるのでしょうね」**と尋ねるようにアドバイスしました。この言葉を受けて女性トレーナーは、トレーニングの苦労や楽しさをたくさん語りはじめました。**質問のコツは、エピソードを引き出すことなのです。**

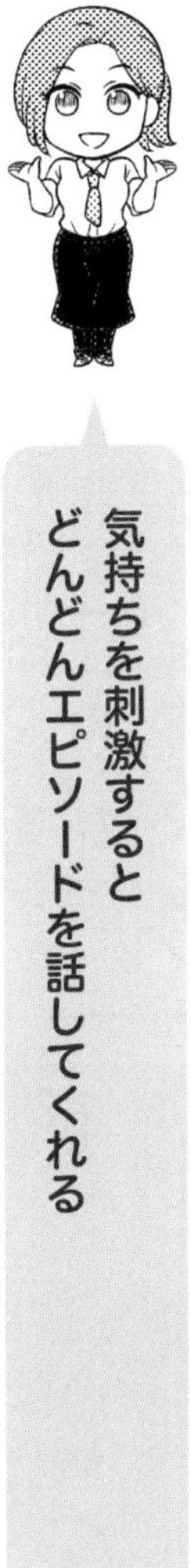
気持ちを刺激すると
どんどんエピソードを話してくれる

11：話をはずませる「意外なアプローチ」

チーム内で少しずつ会話が増えてきました！
こんにちはー
さすが！ルミさん
できればもう少しくだけて話せるようになりたいんですが
贅沢かな
いえいえルミさんならこの調子でもっとレベルアップできますよ！
ホントですか？
今度は「ネガティブな感情」を聞いてみましょう！
さみしい
怒り
悲しみ

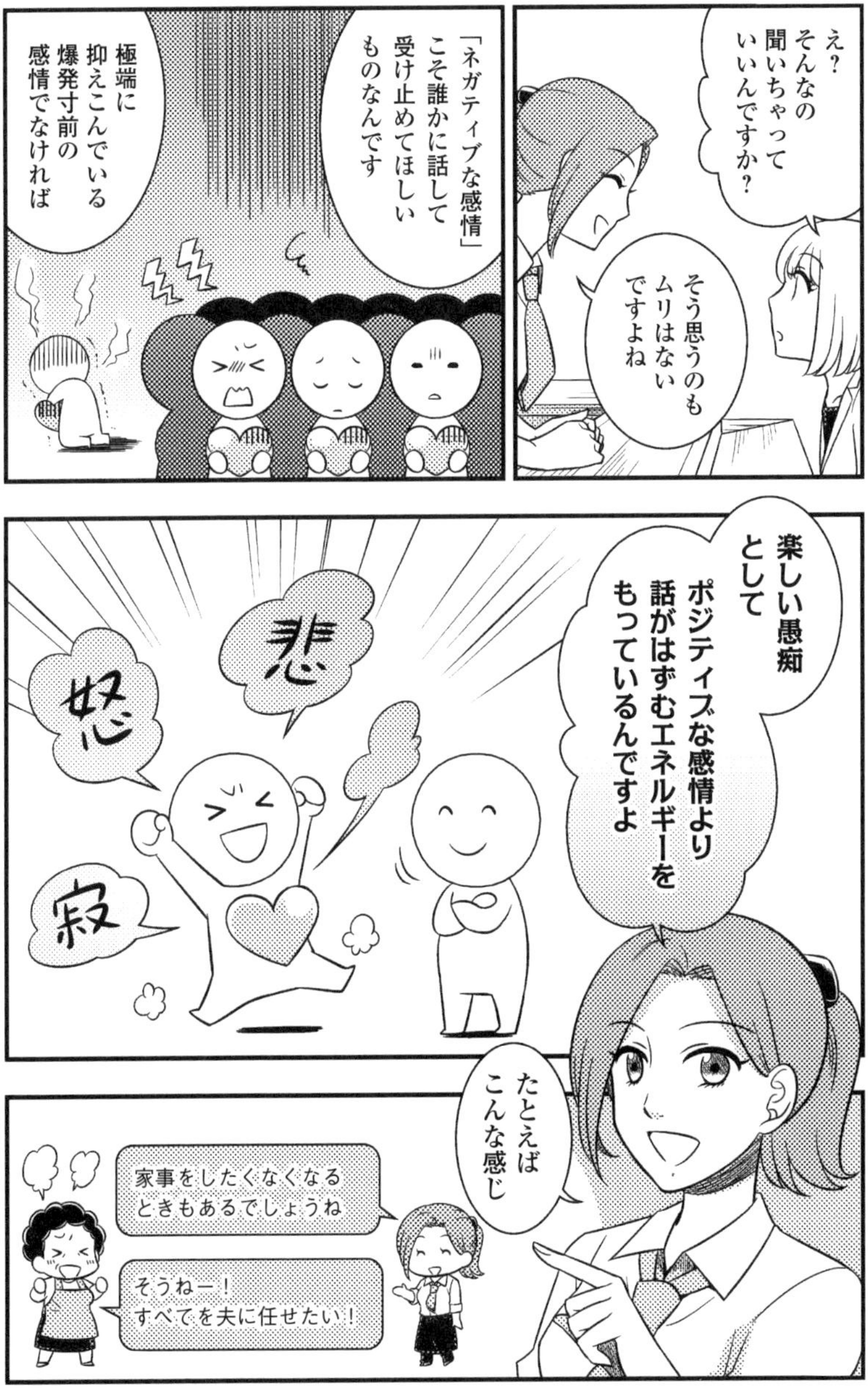

え？
そんなの
聞いちゃって
いいんですか？
そう思うのも
ムリはない
ですよね
「ネガティブな感情」
こそ誰かに話して
受け止めてほしい
ものなんです
極端に
抑えこんでいる
爆発寸前の
感情でなければ
楽しい愚痴
として
ポジティブな感情より
話がはずむエネルギーを
もっているんですよ
悲
怒
寂
たとえば
こんな感じ
家事をしたくなくなる
ときもあるでしょうね
そうねー！
すべてを夫に任せたい！

ネガティブな気持ちはおおっぴらに出せませんから
がまん
がまん
そこを許して質問することで気持ちよく吐き出してくれるんです
そうは言ってもどうやってそんな質問したらいいのかしら…
「ムッとくることもあるでしょう」という便利なフレーズがありますよ！
電車通勤だとムッとくることもあるでしょう
旦那さんがいい人とはいえムッとくることもあるでしょう
これなら私も言いやすいです！

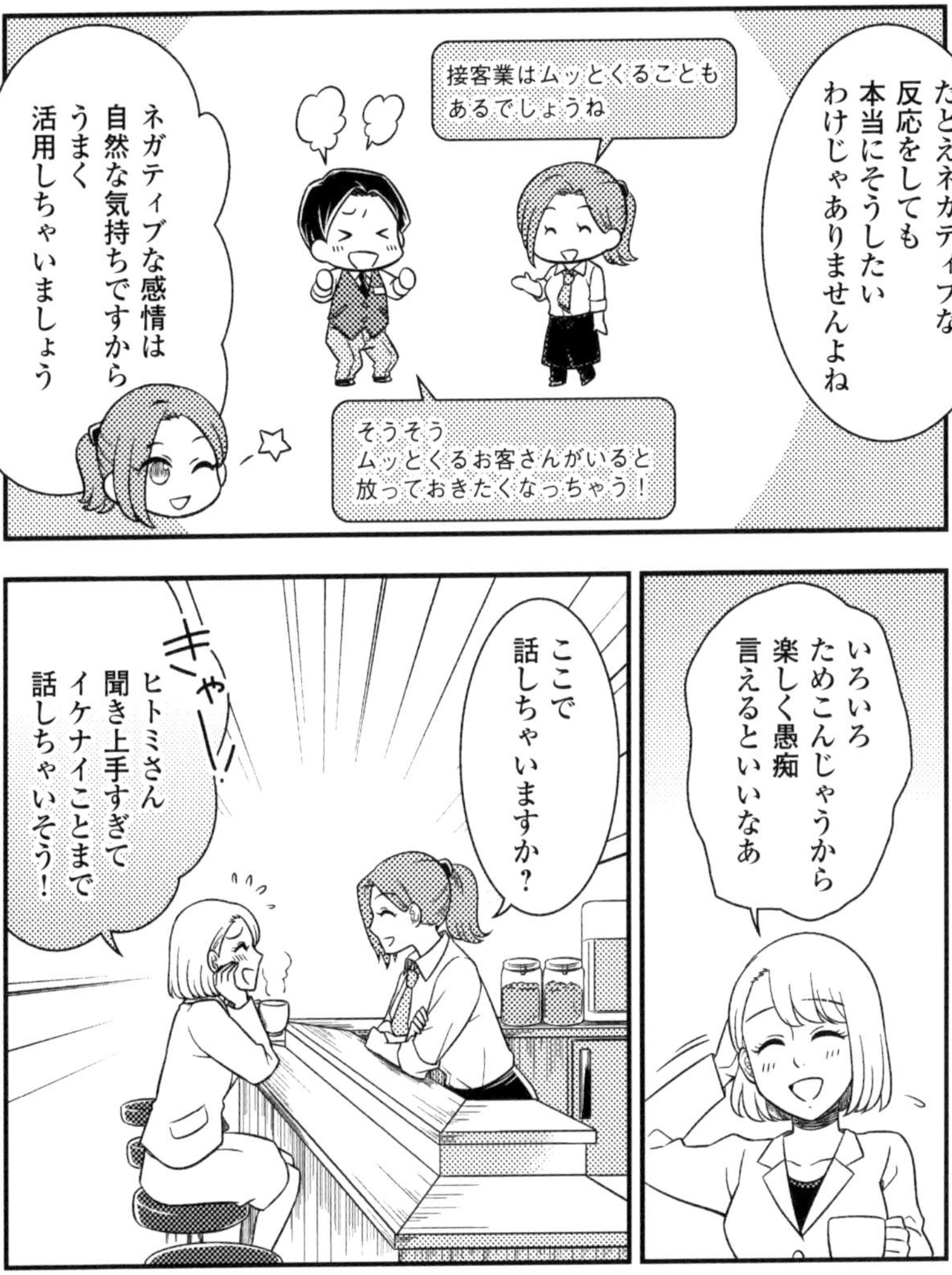
たとえネガティブな反応をしても本当にそうしたいわけじゃありませんよね
接客業はムッとくることもあるでしょうね
そうそう
ムッとくるお客さんがいると放っておきたくなっちゃう！
ネガティブな感情は自然な気持ちですからうまく活用しちゃいましょう
いろいろためこんじゃうから楽しく愚痴言えるといいなあ
ここで話しちゃいますか？
キャー!!
ヒトミさん聞き上手すぎてイケナイことまで話しちゃいそう！

今日のレッスン

□「たまっている感情」を尋ねてみよう

ココから
はじめる！

「ムッとくることもあるでしょう」と聞いてみる

一般にネガティブな感情は「見てはいけない」「感じてはいけない」という思いこみがあります。ですから、「人に尋ねるなんてもってのほか」と考えてもムリはありません。

実は、ネガティブな感情であっても、爆発するほど抑えこんでいなければ、ポジティブな感情よりも、話がはずむ大きなエネルギーをもっています。

比較的使いやすい質問は、「ムッとくるこ

え？
そんなの
聞いちゃって
いいんですか？
そう思うのも
ムリはない
ですよね

ともあるでしょう」だと思います。どんな人であっても、家族、恋人、友人、上司、部下、お客さん、見知らぬ他人に、しばしばムッとしながらも、そこはグッとこらえて暮らしていますが、お腹の中にその感情が残っているのは確かです。

ネガティブな感情は聞いてあげたほうが喜ばれる！

会っていきなり使うと相手も面食らうでしょうが、しばらく世間話をした後でこの質問をすると、多くの人が信じられないぐらいの勢いで話してくれます。ネガティブな感情に光を当てると、人はこんなに話すのだという体験をぜひしてみてください。

軽めの愚痴を言ってもらおう

12：こんなフレーズで心をつかめる♪

ネガティブな感情を尋ねるときに使いやすいフレーズが他にも2つ
「嫌になることもあるでしょう」
「投げ出したくなることもあるでしょう」
これも反応しやすい！

ふだん頑張っている人ほど響く言葉ですね
PON!
心が解放されてたくさん話したくなるんです

今日のレッスン

□ 心を解放できる便利フレーズを活用しよう

ココから
はじめる！

「嫌になることもあるでしょう」と言ってみる

人は本来、ポジティブな気持ちもネガティブな気持ちも自然にもっているもの。みんなが抑えつけている気持ちですから、ふと、**「嫌になるときもあるでしょうね」**などと問われると、「はいはい。あります、あります」などと人は喜んでノッてきます。

あなたも嫌になって投げ出したくなっていることはありませんか。それをたくさん見つけてお話ししてみましょう。

ふだん
頑張っている人ほど
響く言葉ですね
POW!
心が解放されて
たくさん
話したくなるんです

日頃、愚痴をこぼさない人にこそ言ってあげよう

仕事、家事、子育て、通勤電車、接待、上司との付き合い、彼（彼女）との付き合い、なかには家庭や人生などを挙げてくれる人もいます。言葉にできているうちは、決して投げ出したりはしないのでご安心を。いえ、むしろ言葉にして吐き出すから、投げ出さずに頑張れるのです。

「ときには、人生を投げ出したいときもありますか？」

と尋ねれば、「ある！」と多くの人が賛同するに違いありません。

軽めの愚痴はお互いに共感しあえる部分が多いもの。ぜひ、周りの方々と楽しく気持ちをやりとりしてみてください。

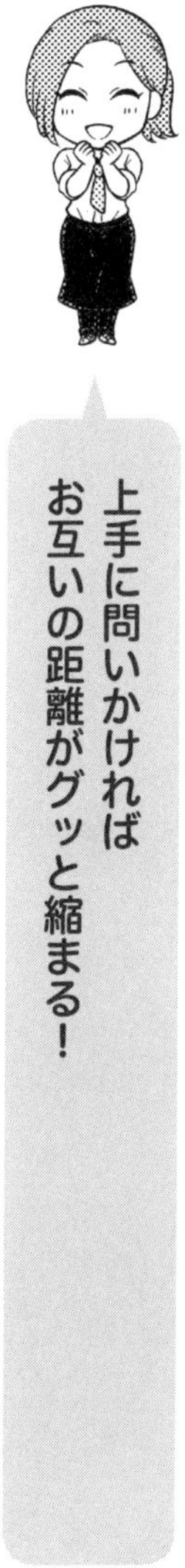
上手に問いかければ
お互いの距離がグッと縮まる！

「でしょうねー」と相づちを打つ

会話がうまい人は相手が自由に考えられる質問をします。
それが「……なんでしょうね」という漠然とした言い回しです。

「楽しかったのでしょうね」と聞かれると、「楽しかった思い出」だけでなく「楽しくなかったこと」や「突然のハプニング」を答えてもよさそうな気がします。するど、答えに制限が少ない分、人は自由に考える余裕をもらえた気分になってイメージが広がりやすいのです。

この質問は、特に「会話のスタート」で活躍します。

相手が、まだ何を話したいのか見えにくいとき、「どのように話してもらってもいいですよ」という気持ちで、この質問をしてみてください。

久しぶりに会った人には、

「お忙しいですか?」より**「お忙しいのでしょうね」**、

冬の寒い日に訪ねてきてくれた人には、

「寒かったですか?」と言うよりも、**「寒かったでしょう」**と言ったほうが、会話がスムーズにはじまるでしょう。

この言い回しは、聞きにくいことを尋ねるときにも活躍してくれます。

素敵な異性に、特定の恋人がいるのかどうか尋ねたいときも「彼氏（彼女）はいるのですか?」より**「素敵な方がいらっしゃるのでしょうね」**と遠回しに聞いたほうが、答えてもらえる可能性が高いです。

この言い回しをマスターすれば、相手を戸惑わせたり、ギョッとさせたりすることが少なくなり、人間関係を進展させていく効果があります。

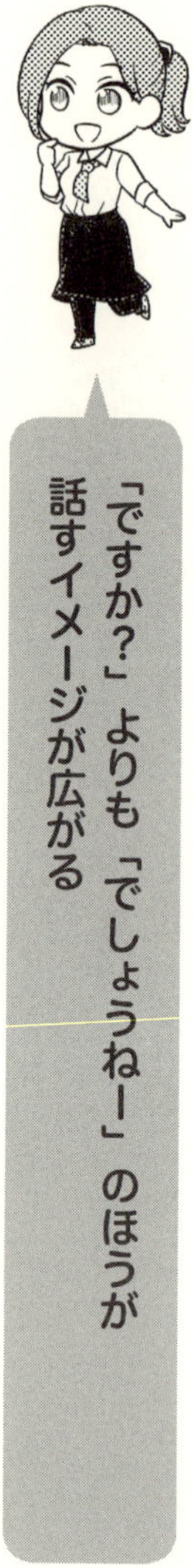

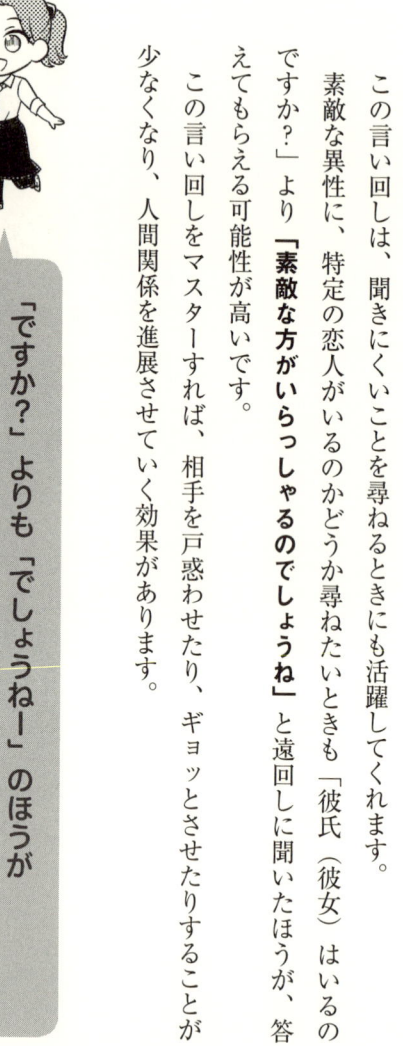

ココも大事！

Power Lesson

その5

コレなら「知らない話題」でも盛り上がれる

たとえば、相手に「カメラをはじめたんです」と言われたら、あなたはどんな会話をしますか。たいていの方は、自分もカメラの知識を話さなくてはいけないと考えるよう

です。

でも、このとき話し手は「自分のカメラの話を聞いてほしい」、言い方を変えると、「自分にカメラの話をさせてほしい」という望みをもっています。ですから、

「おっ！　カメラですか」

こんなふうに共感して、しばし沈黙、「それで、それで」という気持ちで待てばいいのです。

知らない話題に出会ったときは、相手の言葉を「オウム返し」にしてみましょう。自分の気持ちを言葉のトーンにのせることも忘れずに。

ここまでしても、相手があまり話し出さないようであれば、あなたから質問してみましょう。

まずは「きっかけは？」「いつから？」「カメラっていくらぐらい？」などの5W1Hで尋ねて、その後は「気持ちに焦点を当てる」と「相手を主人公にする」という質問のワザを使いましょう。

「自分のカメラって愛おしいのでしょうね」

「カメラを趣味にする方って、どんな人が多いのですか？」

「カメラを趣味にしてよかったと思うのはどんなとき？」

このように尋ねれば、こちらが知識をもっていなくても、いくらでも会話は広がっていくものです。一度聞いた話は「自分の話題」としてストックされるので、会話の幅がドンドン広がっていくはずです。

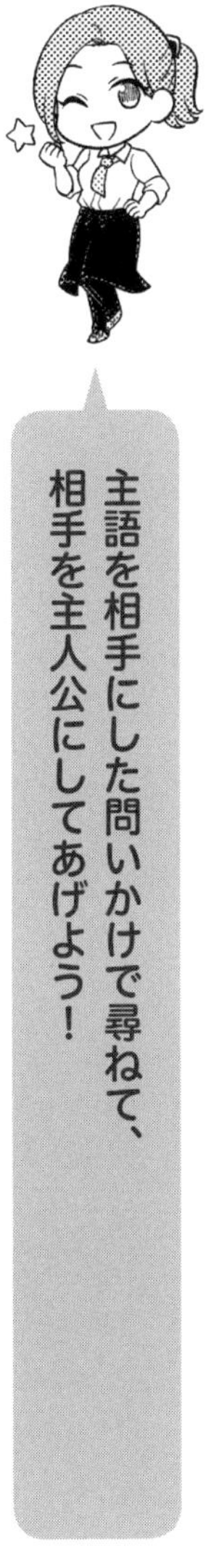
主語を相手にした問いかけで尋ねて、
相手を主人公にしてあげよう！

4章

会話がとぎれそうなときのワザ！

キャッ
キャッ
〇〇公園
竹本さん
復習ですか？
ヒトミさん！
はい 今日はカフェが休みだから自習しようかなと
ヒトミさんは？
お散歩ついでに買い出しです
すとん
ヒトミさん私服だと雰囲気変わるなあ
ハッ
なななんだ？変だぞオレ！
かあぁぁあっ
気持ちのいい日差しですね

な 何か
話さないと
メモ
メモ…っ
あ あの
えっと…
竹本さん？
アセ
アセ
そうだ！
竹本さん！
会話途中
間があいて
困ったときのための
レッスンを
してみませんか！
天気の話
間
次の言葉
ガタン
ずしっ
ドキ
わっ
あ
ご迷惑でしたか
いえいえ！
ぜひとも
教えてください！

打開する方法はたくさんある

せっかく続いていた会話が突然、ぷつりととぎれてしまう……。

さあ、やってきました。どんな会話にも訪れる困った状況が。

でも大丈夫。**こうした事態は、共通の話題を振ることで解消できます。**

ところで、共通の話題を振るというと、「血液型は？」「星座は？」といった質問を思い浮かべる人もいるかもしれません。

でも、こんなふうに尋ねると、早く関係を縮めたいという思惑が見え見えで、相手も話しづらくなってしまうでしょう。

そんなにムリをしなくても、簡単に共通の話題が見つかって、誰とでも楽しく会話ができる方法があります。

その話題の一つが、「天気」と「カレンダー」の話をすること。これらは、話題の広げ方次第で、お話をドンドンふくらませていくことができるのでオススメです。

このほかにも、相手の話す意欲が高まりやすい話し方のコツがあります。試してみればその効果に驚くはず。では、早速ご紹介していきましょう！

本書で紹介する内容

・「天気」「カレンダー」の話は万能薬！
・息を合わせる「間」が大事
・相手について尋ねてみよう
・返事に詰まったときは？
・「ねぎらい」の言葉でいい雰囲気に♪
・沈黙が訪れたら「過去の話」にさかのぼる

13：「天気」「カレンダー」の話は万能薬！

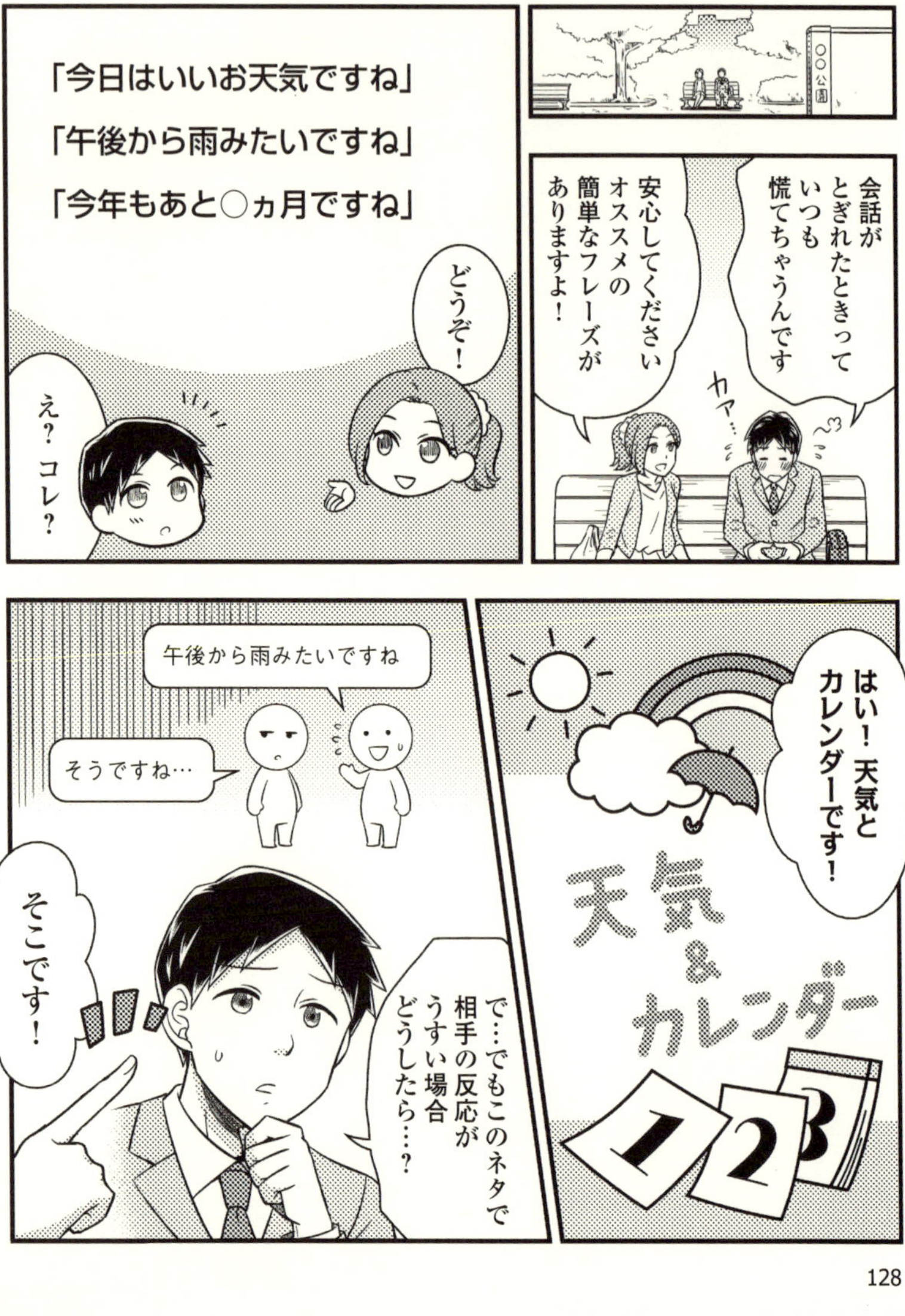
○○公園
会話がとぎれたときっていつも慌てちゃうんです
カァ…
安心してくださいオススメの簡単なフレーズがありますよ！
「今日はいいお天気ですね」
「午後から雨みたいですね」
「今年もあと○ヵ月ですね」
どうぞ！
え？コレ？
はい！天気とカレンダーです！
天気&カレンダー
1
2
3
午後から雨みたいですね
そうですね…
で…でもこのネタで相手の反応がうすい場合どうしたら…？
そこです！

天気やカレンダーの話は誰にでも気軽に話せる反面相手の反応が弱いことも多いので避けている方もいますが
PLUS
ほんの少しのプラスαで十分会話を広げることができるんです！
週末は雨になりそうですね
ああ、そうですね…
PLUS
持ってるカッターシャツが少ないので　洗濯物が乾かないと困っちゃうんですよ
2章でレッスンした「気持ちのちょっぴりオープン会話」ですね！
そうです！
「短く」自分の話をプラスすることで話す材料も増えるので相手も話しやすくなるんです

大切なのは
こうして気持ちを
プラスαすることで
私はあなたと
いろいろお話が
したいです！
と 伝えること
なんです
そういう雰囲気を
つくってもらえたら
僕もすごく
話しやすいですね
あ…でも
シャツが少ないなんて
貧乏な話をしたら
変に思われるかな？
ハッ
大丈夫
大丈夫
くす
くす

今日のレッスン

□ 天気や曜日の話をした後に、「自分の話」をプラスしよう

ココから
はじめる！

「貧乏ネタ」を正直に話してみる

「今日は午後から雨のようですね」

「あ、そうみたいですね」

このあと、会話を続けるための、とっておきの話術をお教えしましょう。

秘けつは2章でお伝えした〝気持ちのちょっぴりオープン会話〟です。「午後から雨のようですね」と切り出した後に、自分の話を〝短く〟します。

「ちゃんとした靴がこれしかないので、濡れ

あ…でも
シャツが少ないなんて
貧乏な話をしたら
変に思われるかな？
ハッ
大丈夫
大丈夫
くす
くす

て傷んでしまうと困ります」

　こう言うと、「私はあなたといろいろお話をしたいです」という思いを伝えることにもなって、相手も話しやすくなります。それに、あなたが持ち出した題材を使えば、相手も話の材料が増えるため、話しやすくなります。これで相手も、

「いい靴を履いたときに限って、雨が降ったりするんですよね」

「こんな日は長靴があると便利ですが、つい買いそびれてしまいます」

　などと話してくれるでしょう。**気持ちをさらけ出してくれた姿勢にホッとして、たいていの人は警戒心をとき、自分の気持ちをオープンにしたくなるものです。**

素直な相手に、人は心を許してしまう

気持ちをオープンにすると「あなたと話したい」という姿勢が伝わる

14：息を合わせる「間」が大事

短く！
さっき「短く」自分の話をするって言っていましたがなぜ「短く」なんですか？
それは「相手の反応を見るため」ですね！
ばっちこーい
相手の言葉を引き出して会話のキャッチボールをするためですね
そうです
いったん自分の話を止めて相手がノッてくるかこないか待ってみましょう
興味ある？
興味ない？

今日のレッスン

□ 自分の話を短くしたら、相手の言葉を待ってみよう

ココから
はじめる！

オチまで言わず、ちょっと話して待ってみる

共通の話題を投げかけた後、自分をちょっとだけオープンにした話を〝短く〟することをお伝えしました。**短く話す理由は、相手の反応を見るためです。**

何らかの話題を提供したら、自分の話をいったん終えて、相手がノッてくるのかこないのかを待ってみましょう。

相手と息を合わせる時間をもつわけです。

もし、ここでドンドン話を進めてしまった

いったん自分の話を止めて相手がノッてくるかこないか待ってみましょう
興味ある？
興味ない？

ら、相手はただ黙って話が終わるのを待つしかありません。そうしたらあなたの話が終わったときが、2人の会話の終わるとき。

相手は配慮のなさを感じますし、次々に展開する話題のどこに食いつけばいいのかわからなくなって、会話を続ける意欲をなくしてしまうのです。

一方、相手の出方を待つ時間をとれば、たいていの人が自分の話をしてくれることでしょう。**質問する立場と話をする立場を入れ換えながら会話を続けると、お互いの気持ちが次第に近づいていきます。**

相手にも、イメージをふくらませる時間をあげよう

楽しい話題こそ、気持ちをやりとりできる最大のチャンス！

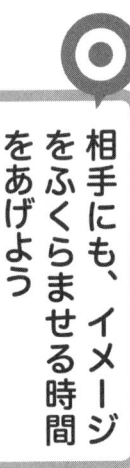

15：相手について尋ねてみよう

……そうですか…
シーーン…
って感じで会話が全然広がらないお客様がいて…
万策尽きちゃったんですね…
おつかれさまです…
午後から雨のようですね
そうみたいですね
持ってるシャツが少なくて洗濯物が乾かないと困ります
そうですか…
平日もつように5枚は持っておきたいのですが
………
なので雨が続いたり残業で遅い日が多いと困ります
そうなんですか…
…と　ここまで話してもノッてくれないときはどうしたら…
はあ…

あと一つだけ方法がありますよ！
自分の話をした後相手に対して質問を投げかけるんです！
…ですから雨が続いたり残業続きのときは困ります
へ〜…
○○さんはお洒落だからきっと雨続きになっても着ていく服がなくなるなんてことはないでしょうね
どんな人でも自分について質問されると話しやすくなるようで
たいてい会話に参加してくれます
あなたはどうですか？
もし、それでもノッてくれないときは…？
本当〜に！口下手な方か自分の話し方を振り返ってみたほうがいいかもしれませんね

話すことに気を取られ気持ちが入っていないかとか
アイコンタクトが雑になっていないか
顔がこわばってあせりが相手に伝わっていないか
間を取れてなくて答えをせっつく感じになっていないか…とか
ゆっくり呼吸をしておだやかな雰囲気で話せるといいですね♪
いくらでも待ちますよ
一緒に話しましょう
具体例をあげてみました
自分の「生活ネタ」も大事ですね
最近外食する機会が減りました
そうなんだ
自分の話
残業代カットされちゃってよく家で発泡酒飲んでます
へ〜…
質問!
○○さんはお酒強そうですが平日 家で召し上がりますか？
強いというほどでもないですが平日飲みますね月曜日は休肝日と決めていて…

今日のレッスン

□ 尋ね方次第で、相手も自己開示してくれる

ココから
はじめる！

相手がノッてきそうな話題をとにかく振る！

まずは話題に沿ってあなたのほうから質問をしてみましょう。たとえば、

「休日、ジムに通い始めました」

「そうですか」

「公共施設のジムは2時間で500円と、お得なんですよ。**○○さんは、スポーツマンタイプだから、何か運動をしていらっしゃるのでしょうね**」

また、次のアプローチ法もあります。

…と ここまで話してもノッてくれないときはどうしたら…
はあ…

✖ 響かない相手は少なからずいるもの。アプローチを変えよう

「やっぱりスポーツ観戦は楽しいですね」

「そうですね」

「実際に観戦すると、こちらも燃えてきます。**○○さんは野球がお好きだそうですが、実際に観戦に行かれるのですか？**」

「え？　ああ、実は……」

どんな人でも、自分について質問されると、話をするのはそう難しくないようで、工夫して尋ねると、みなさん会話に参加してきます。会話をつなげるコツをつかむまでは、身近な人で練習しながら徐々にレベルアップしていきましょう。

相手の趣味嗜好を想像し、質問するワザを磨こう

16：返事に詰まったときは？

「はい」のあとに少しだけ自分の話を付け加える…ですよね？
会社から家まで遠いの？
はい、50分くらいです
あと10分早く家を出れば電車が空いているんですがなかなか起きられなくて…
そうです！これなら話題が増えますし「あなたと話したい」という意思表示にもなります
自分の話は「短く」切り上げ そして相手の出方を待ちましょうね
考え中
ゆっくり待ってまーす

今日のレッスン

□「はい」の後に「自分の情報」を短く付け加える

ココから
はじめる！

自分の話をするときはオープンかつ手短に

「お酒は飲めるの？」

「はい……」

相手の問いかけに気の利いた受け答えをしないといけない、という思いが強すぎると、かえって緊張してしまい、次の言葉が出てこなくなる……。

あなたは、このパターンに陥っていませんか。

誰かの問いかけに対する返事にも、〝ちょっぴりオープン会話〟は重宝します。「はい」

自分の話は「短く」切り上げ そして相手の出方を待ちましょうね

の返事に少しだけ、「自分の話」を付け加えてみてください。

「はい、家でテレビを見ながら晩酌するのが何よりの楽しみです」

「はい、サワーなら少し。梅酒サワーが一番好きです」

話が長くなると、相手が萎えることを忘れずに！

こんなふうに自分の情報を加えることで、相手に対して「あなたとコミュニケーションをする気持ちがありますよ」「あなたを大切に思っていますよ」という意思表示をしたことになります。相手にしてみれば、話題を広げる材料をもらえるわけですから、会話を続けやすくなるでしょう。

話す材料を提供して、次の会話につなげよう

17：「ねぎらい」の言葉でいい雰囲気に♪

「ねぎらいの言葉」ってかけたことありますか？
褒めることはありますけどねぎらう…は上司から部下へ言うものかなと思って使ったことないです
フォッ
フォッ
そうでもないんですよ
ちなみに「ねぎらう」とは…
相手の「苦労」
「難儀なこと」
「困っていること」
に目を向け、いたわること

たとえば雨の日に待ち合わせしたときねぎらう場合は
濡れたでしょう
服やかばんは大丈夫でしたか？
ねぎらうってふだんの場面で使えるものだったたんですね！
そうなんです
ねぎらうと相手は「話しやすい人だなぁ」と感じてくれると思います
注意するポイントは「…だったでしょう」と相手に向けて話すということ！
暑かったでしょう
暑いですね
注意
そっか「暑いですね」ではねぎらいにならないんですね

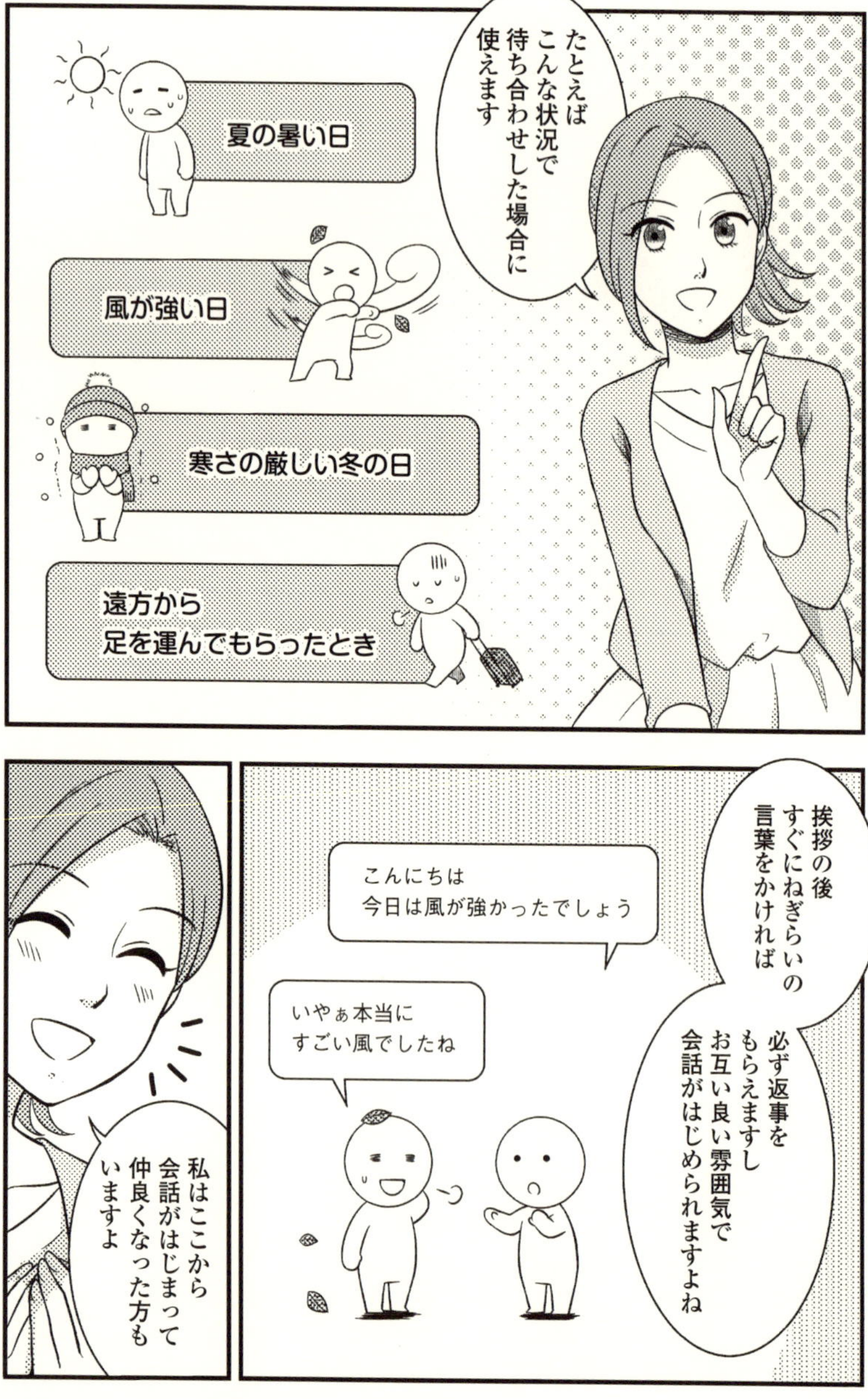
たとえば
こんな状況で
待ち合わせした場合に
使えます
夏の暑い日
風が強い日
寒さの厳しい冬の日
遠方から
足を運んでもらったとき
挨拶の後
すぐにねぎらいの
言葉をかければ
必ず返事を
もらえますし
お互い良い雰囲気で
会話がはじめられますよね
こんにちは
今日は風が強かったでしょう
いやぁ本当に
すごい風でしたね
私はここから
会話がはじまって
仲良くなった方も
いますよ

今日のレッスン

□ 相手の苦労に目を向けて、いたわってみよう

ココから
はじめる！

待ち合わせした相手をねぎらってみる

最近は、ねぎらいの言葉をかける方が少ないように感じます。

ねぎらいは、相手の「苦労」「難儀なこと」「困っていること」などに目を向け、それをいたわることです。人をねぎらえるようになると相手もホッとしますから、お互いに良い雰囲気で会話をはじめられます。

たとえば「雨の日」や「風が強い日」「遠方から足を運んでもらったとき」の他、「夏

ねぎらうって
ふだんの場面で
使えるもの
だったんですね！
そうなんです

ちょっとしたひと言だが、相手の心にジンとしみる

の暑い日」「寒さの厳しい冬の日」なども、相手をいたわる絶好の場面になります。

「こんにちは」の後にすかさず、「今日は暑かったでしょう」とねぎらえば、相手も「本当にすごい暑さですね」と必ず返事をしてくれるはずです。

そこから会話が自然とはじまり、気づいたら仲良くなっていたという経験のある方も多いでしょう。

ねぎらいの言葉は、あくまでも「……だったでしょう」と相手に向けて使ってください。「暑いですね」ではねぎらいにはなりません。

ねぎらいのあるところにコミュニケーションが生まれ、癒しや安らぎとなって、明るい雰囲気づくりにつながります。ぜひ、身につけてください。

ポイントは「……だったでしょう」という表現をすること

沈黙が訪れたら「過去の話」にさかのぼる

会話の途中で気まずい沈黙が訪れたとしましょう。
こんなときは落ち着いて、「何か話すことはありますか？」という気持ちで相手をおだやかに見てください。リラックスした状態からしか、楽しい会話は生まれません。

むやみに自分を責めないことです。あなたがうつむいたり、表情が険しくなったりすると、相手は自分が責められているような気分になってしまいます。相手にしてみれば、むしろそれが辛いのです。

では、しばらく時間をおいても相手が話をしないときはどうすればいいのか。これでもまだ大丈夫。とっておきの会話の広げ方があるからです。

「私は学生のころテニスをしていまして、そこでいまの家内と知り合ったのですよ。……当時はまだ私も若くて……いまはテニスどころか10メートル走るのもムリなんですけどね」

「へえ、そうですか……」

さあ、話に詰まりました。あの嫌な一瞬が訪れます。

こんなときは、ちょっと前の会話にさかのぼって質問内容を探してみましょう。新しい話題を見つけるのは大きなエネルギーを必要としますが、これならさほど難しくはないはずです。相手は自分がした話ですから全て覚えています。過去のどこにさかのぼっても大丈夫です。

とくに印象に残っている題材を引っ張り出してみます。

「そういえば、学生時代はテニスをなさっていたのですか」

こんな感じで十分です。そこからまた新しい話が生まれて、さっきとは違う展開が訪れるでしょう。**同じ話であっても、また別のエピソードが埋もれているものです。それを掘り起こす感覚で話をしてみましょう。**

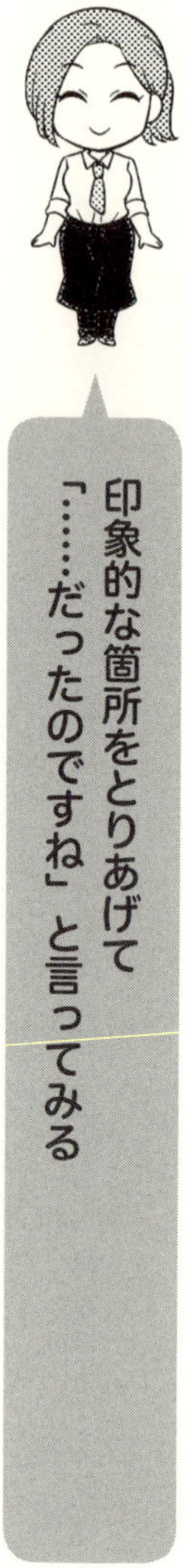
印象的な箇所をとりあげて
「……だったのですね」と言ってみる

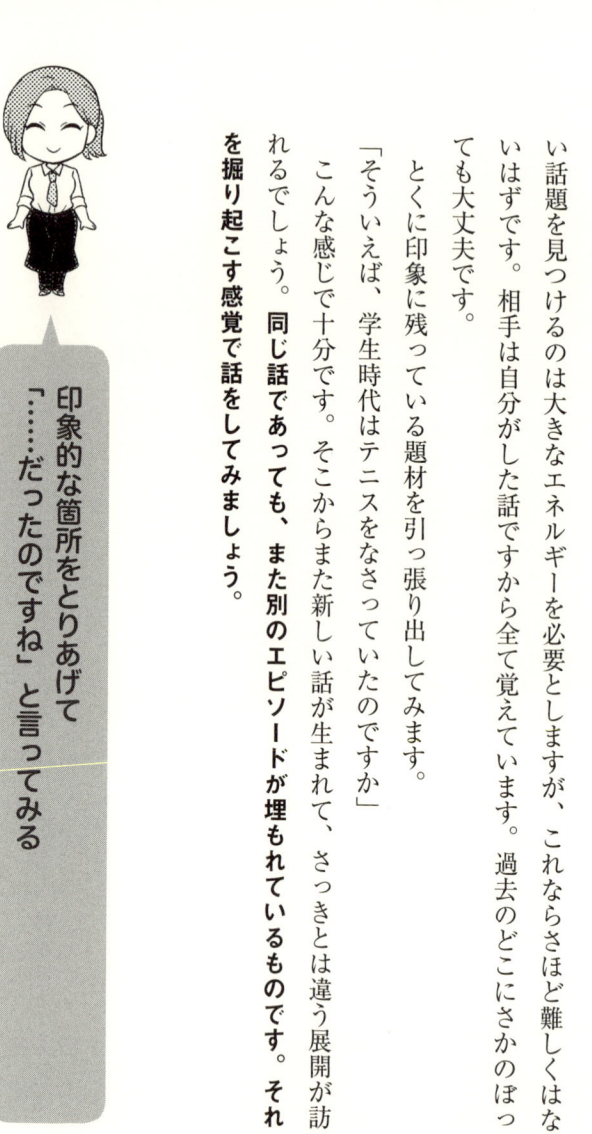

5章

人の輪にスッと入れる話し方

CAFE
あ
創立パーティーにはたくさんの人が来ますよね…
はい
どうしました？
大変なことに気づいてしまいました
ということは…たくさんの人と
同時に話さなきゃいけないってことですよね！
わいわい
どどーん!!

一対一ではだいぶ話せるようになってたから忘れてた〜！
あ〜
そ そんなに難しく考えなくて大丈夫ですよ
でも…たくさんの人の輪に入って話すなんて想像つかないです
それじゃ 今回は「人の輪」にとけこめるレッスンをはじめましょう！
一対一
相づち
提供
やってみたら意外と簡単ですからね？
おちついて おちついて
はい〜

人の輪に入るのは実はカンタン！

本書をここまでお読みいただいた方であれば、一対一の会話なら、何とか続きそうだと思えてきた方もいらっしゃるでしょう。

対して、複数の人と話すときはどうでしょうか。

たとえば、会合やパーティーなど、人の集まる場ではどのようなタイミングで、どのように輪に入れてもらい、どのような内容の話をすればいいのでしょうか。

この答えはシンプルです。なぜなら、一対一の会話のときと基本は変わりないからです。

まずは相づちを打って、その場にとけこむ。

自分の情報を少し話して、ネタを提供する。

基本はこれの繰り返しです。

いかがですか。すぐにできそうだと思いませんか。
もちろん、盛り上がるネタの出し方にはちょっとしたコツもあります。
いずれも知っておけばすぐにできるもの、簡単なものばかりです。
では、レッスンをはじめましょう！

本章で紹介する内容

- グループにとけこむコツは？
- 質問されて、とっさに答えられないときは？
- 笑える体験や失敗談を披露しよう
- 近くに座っている人の気持ちをつかむ

18：グループにとけこむコツは？

パーティーや会合とかってどうも苦手で…
そうなんですね
せっかくの機会なので会話を楽しめるといいですよね
竹本さん
具体的にはどんなことが不安ですか？
うーーんと…
いろいろあるけどこんなことですかね…
何を話したらいいのかわからない
自分から話せないと注目されなくて孤独を感じる
話すタイミングがつかめない
急に話を振られるとあせる
たしかに私も経験あります

一方で こんな考え方も あるんですよ
たとえば 五人で話すなら 一人の会話量は 五分の一！
おおー！ そうか！
なるほど でもどうやって 会話の輪に 入っていけば いいんでしょう？
安心してください 基本は一対一と 同じですよ！
具体的な レッスンに 入りましょう

会話に入れないとき
ついていけないとき
とても孤独を感じますよね
そういうときは一対一と同じでまず「聞く」！
そして話し手にきちんと反応してあげましょう
話している人の目を見る
大きくうなずく
笑ったり感心したりする
へー
これだけでいいんだ！
はい！
明るい雰囲気づくりに一役買えるので
みんなの会話に参加できるんです

会話に集中せずにいると…
早く終わらないかな
つまんないな
表情や態度に周囲を拒絶する雰囲気が醸し出されて他のメンバーも話しづらくなりますね
「まず何か話さなきゃ」と思っていたけど違うんですね
うん うん
ほっ
そうです！
相づちだけでも十分に楽しい会話の一員になれるんですよ！

今日のレッスン

□ 人数が増えても、一対一の会話と基本は同じ

ココから
はじめる！

話し手のほうを向き、相づちを打つ

複数の人と会話をすることに、苦手意識をもっている人は少なくありません。

でも、考えてみれば、相手と話す回数は一対一の会話よりはるかに少なくてすむはずです。その場に五人もいれば、五回に一回話せばいいからです。

基本的な方法は一対一の会話の場合と同じです。

複数の人たちと話すときも、まずは話

「まず何か話さなきゃ」と思っていたけど違うんですね
うん うん
ほっ
そうです！
相づちだけでも十分に楽しい会話の一員になれるんですよ！

コレなら、ムリに話さなくても大丈夫!

をじっくり聞く態度を身につけることからはじめましょう。**誰かが話をしているときは、その人をまず見ること。これに集中してください。**

話し手の話に「ほー」「へー」などと大きくうなずいたり、笑ったり感心したりして、きちんと「反応」してあげましょう。

これだけでも、その場がパッと明るくなり、みんなの気持ちに高揚感や一体感が出てきます。あなたはその雰囲気の担い手になったわけで、もう、その場になくてはならない一員になったのです。

「まずは話さなければ」という呪縛から自分を解放してあげましょう。

ていねいな反応が
メンバーの気持ちを盛り立て、場をなごませる

19：質問されて、とっさに答えられないときは？

みんなに注目されながら話すのってドキドキしますよね
はい 緊張して答えに詰まっちゃうんです…
私も慣れるまではそうでした
いきなり話を振られて頭の中真っ白になっちゃったり…
竹本さんはおいしいお店どこか知ってる？
い、いえ とくには…
あわ あわ
そんなことあったんですか！
僕もあせってとっさに答えられないことが多くて…

答えに詰まると…
いえ、とくには…
と 気をつかって相手は話を止めてしまうんです
そうか…これ以上は聞くなということか…
ああっ！ そんなつもりじゃないのに！
やっちゃってた～
もっと話をしたいんですって伝えられればいいのに～
そこで使えるのは「気持ちのちょっぴりオープン術」です！
おいしいお店どこか知ってる？
答え
いえ、よく知らないんです
自分の気持ち
知らないお店に入る勇気がなくて…。ラーメン屋さんなら大丈夫なんですけど

自分の気持ちやプライベートな情報を少しプラスするんですよね
答え
自分の気持ち
そうです！そうすれば「この会話を続けていいんだ」とわかってもらえます
それに話し手は他にもいますからプラスした情報から話を広げられる可能性もありますよね
ラーメンもいいね！
魚介系のラーメンでおいしいお店知ってる？
気持ちをオープンにして話すことで
自分も話してみようかな…？
と 他のメンバーも話しやすくなっていいことばかりです

今日のレッスン

□「Ｎｏ」という答えでも、会話を続ける言い方がある

ココから
はじめる！

打ち明けても良い「ネタの範囲」を決めておく

受け応えにもマナーがあります。質問されたら、聞き手が次の質問をしやすいように情報を少し提供してあげてほしいのです。しかも、ちょっとだけプライベートな部分を話すと会話が広がっていきます。

たとえば、「○○さんは花火大会に一緒に行くようないい人はいるの？」と尋ねられたとします。このとき、

「ええ、花火大会ですか。いないですよ、一

でも
プライベートなことや
気持ちを話して
シラけたらどうしよう…

緒に行けるような人は。浴衣でも着て行ってみたいですね」

とでも答えれば、聞き手は「この会話を続けてもいいのだ」と思いますし、「浴衣」というキーワードで話を展開させることもできます。

もちろん、聞き手が次の質問を思いつかなくても、その場には他のメンバーもいるのですから、「浴衣か、いいなー」「前の彼氏と花火に行って以来、浴衣を着てないですよー」などと会話が広がる展開も十分に考えられます。

こうして一人ずつ心の鎧を脱いでいけば、口にしてもいい範囲がドンドン広がっていき、会話も〝大〟がつくほど盛り上がります。お試しあれ。

✖ とにかく一歩踏み出そう。たいていのネタは歓迎される！

意外な人が共感したり助け船を出してくれたりして、人との接点が増えていく

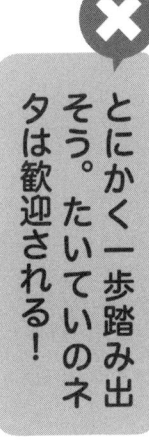

笑える体験や失敗談を披露しよう

話題を独占するつもりはなかったけれど、結果として自分ばかり話していることに気づいたら、他のメンバーに急いで話題を譲りましょう。

とはいえ、「今度は○○さんが何か話してください」などと丸投げしては、渡されたほうも困ってしまいます。

こういうときは、自分が話していたことについてみんながどう思うか、どうするかを尋ねてみればいいでしょう。たとえば、あなたが「一本三千円のワインを買おうとしてレジに並んでお金を払おうとしたとき、『一万三千円でございます』と言われた」という話をしたとしましょう。このとき、

「A男さんならこの場合、どうしますか？」

「B子さん、女性はこういうとき、遠慮なく間違いましたって言えますか？」

こんなふうに話を振ることで、話す役割が自然と別の人に移ります。あとは相手が思う存分、語ってくれるのをじっくり聞きましょう。

自分の失敗談を話して、相手にも同様の場面での対応法を尋ねてみる。あくまでも想像上のことですから、他の人も楽しみながらイメージを広げられるでしょう。みんなが楽しく会話に参加できる質問の仕方ですから、ぜひ使ってみてください。

ココも大事！

Power Lesson

その8

「あなたなら、こんなとき、どう思う？」と尋ねてみる

近くに座っている人の気持ちをつかむ

知らない人ばかりのグループに入って話をするのは、幾多の試練が待っていそうで気が重いことでしょう。そんなときは、**あなたをグループに誘ってくれた人の隣の席をいち早く確保することです。**そして、近くにいる人と早くうちとけるように頑張りましょう。

自分のほうから自己紹介するなり、お酒をつぐなりして、隣や正面にいる人たちの気持ちをつかみましょう。グループになじむには、こうした人たちの力を借りることが必要です。

グループに入れてもらったときは、まず話している人をしっかり見て、他の人と同じように相づちを打ちましょう。みんなが笑えばなるべく笑う。手を打てば、意味がわからなくても自分も手を打つ。こうして息を合わせるのが基本です。こうしてその場になじんできたら、親しくなった近隣の席のみなさんの力を借りて、他の人とも親しくなっていきます。

その後、親しくなった人たちに、まだ話をしていないメンバーのことを質問すればいいのです。そのとき相手の名前を呼ぶことも忘れずに。

「Aさんのお隣が、今日の幹事のBさんですね」

こんなふうにBさんの顔を見ながら尋ねれば、Aさんは「そうです」と言いながら、Bさんを見て、何らかの紹介をしてくれるでしょう。

Bさんのほうも、自分に興味をもってもらえれば悪い気はしません。紹介されればあなたに会釈をするでしょうし、何か話しかけてくれるかもしれません。

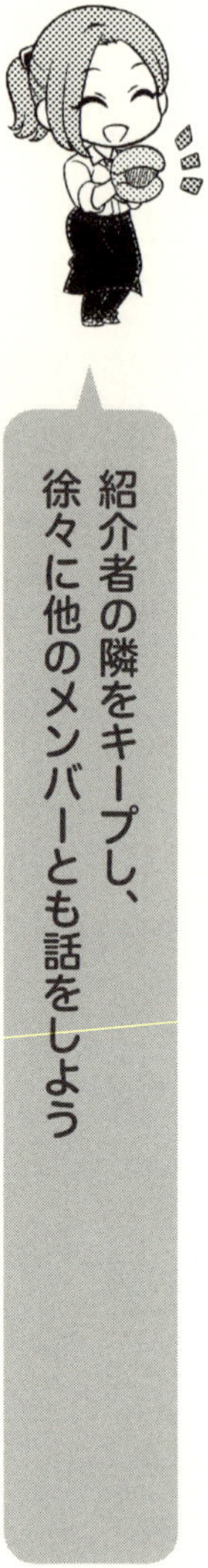
紹介者の隣をキープし、
徐々に他のメンバーとも話をしよう

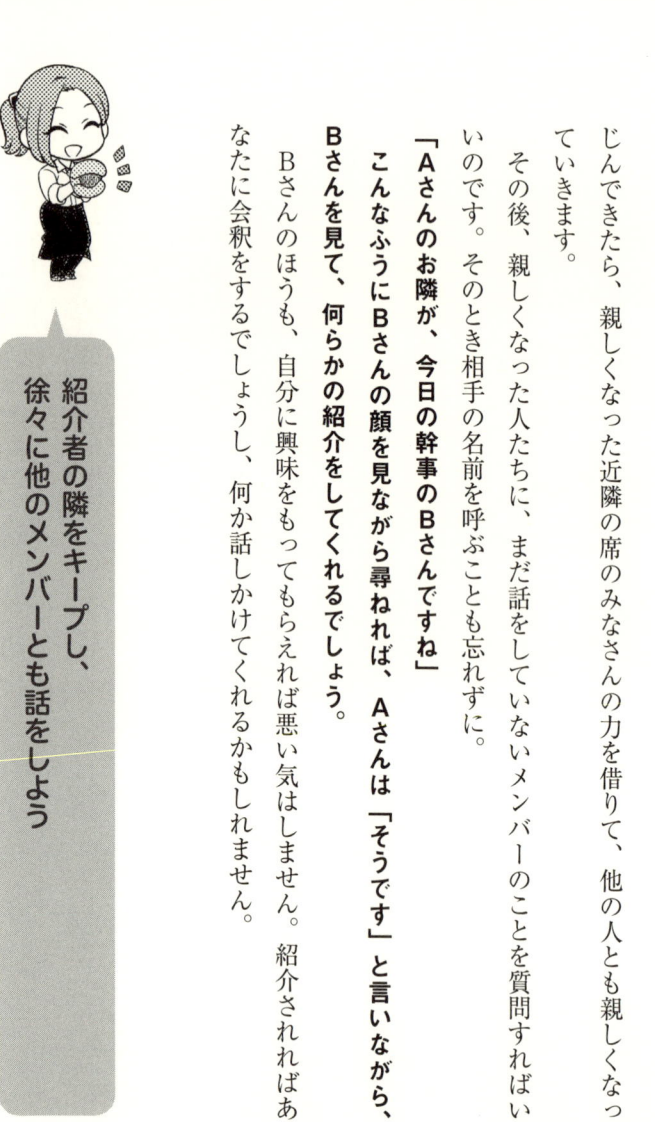

6章

いい関係がはじまる！とっておきの話し方

CAFE
ふぅ…
会社って
ホント〜〜にいろんな人がいるものですね
リーダー職をされていると難しい問題もあるでしょう
あはは〜ちょっと…
レッスンのおかげで職場が話しやすい雰囲気に変わったんですが
どうしても話すことや自分を出すことが苦手な新人がいて心配で…

心の距離を縮めるために
いろいろ聞いたら
関係を悪くしそうで…
小さなことだから
上司に
相談しづらいし…
うまくやりたいと
思うほど
不安がつきまとい
ますよね
今日は特別に！
会話を通して
いい関係が
はじまる秘けつを
お話ししますね
気づかい
相談
YES
NO
間違い
わー
助かります！
ゆっくり聞きたいので
コーヒー
もう一杯くださーい
とびきりおいしいの
淹《い》れますね

人間関係が見違える秘けつとは？

「会話がうまくなりたい」と多くの人が思うのは、友人を増やしたり恋をたくさんしたりして、いい人間関係を築きたいからではないでしょうか。

本章では、会話を通じて他人と幸せな関係を築き上げる方法をお伝えします。


この本を手に取るような方であれば、きっと様々な場面で、周囲の方に気をつかっているのではないでしょうか。さぞやお疲れだと思います。

では、それで本当に人間関係が円滑になっていらっしゃるでしょうか。

この問いに「いいえ」とお答えになった方へ。

実は、あることをやめるだけで、人間関係が見違えて、会話力がついていくのです。

それは何なのか。かいつまんで言うと、**「嫌われないために気をつかう」のをやめてみること**。この理由については、次ページから詳しくお話ししていきます。

出発点が変われば、会話の仕方も変わっていきます。

もっと気持ちをオープンにしながら、お互いに距離を縮めていけるような楽しいお話ができるようになりますよ。

本章で紹介する内容

・「嫌われないため」はうまくいかない
・「会話が苦手そうな人」と話すときは？
・相手の「何気ない言葉」を大切にしよう

20：「嫌われないため」はうまくいかない

あ～ おいしい コーヒーで 生き返るわ～
その言葉が 一番うれしい です♪
私 何でこんなに 疲れちゃってるの かしら？
仕事も 人と話すのも そんなに嫌いじゃ ないはずなのに…
はぁ…
ルミさん もしかして
「好かれるため」や「嫌われないため」に 気をつかって ませんか？
あ…
そう…かも しれません

ついそう考えてしまうのは仕方ないことなのですが
人間関係では「動機」が結果を決定します
動機
仮に動機が「不安」だと
そういう気持ちはすぐ相手に伝わってうまくいかないことが多いんです
不安
「嫌われないため」に行動していて疲れるな…と感じているなら
今日からそれをやめてみませんか?

例　メールが来たら
「そうすることが相手も自分もうれしくなること」という「幸せな動機」で動くのが良いでしょう
不安
「すぐに返事を出さないと嫌われる！」と慌てて返す
幸せ
「どんな返事を出したら喜んでくれるかな」とゆっくり考えて返す
会話でも「相手の話に合わせないと悪い」という不安からムリに話を合わせてもそのうちかみ合わなくなってしまいます
ゴスペルが好きなんです
不安+ウソ
ゴスペルっていいですよね
それやっちゃってました…
あちゃー
気にしないで！ルミさんの優しさがついそうさせてしまったんでしょうから

今日のレッスン

□ 何をすれば「相手は喜ぶだろうか」という視点が、いい関係を築くコツ！

ココから
はじめる！

とりつくろった返事を極力しない！

相手との関係を良くしたいと思ったら、「そうすることが相手のためになり、自分もうれしい」という動機で生まれた行動を探してみます。

誰かと話をする場面を思い浮かべてください。もしも、知らない話を相手に振られたらどうすればいいと思いますか。

ムリに話を合わせようとしても、途中で話

きっとこれからは
いい関係を
つくれますよ！
「幸せな動機」…！
なんだか
気持ちが軽く
なってきました
コーヒー
おかわり！

がかみ合わなくなってしまうはず。

知らなければ「知らない」と言ってＯＫです。むしろ、

「私はあまり知識がないのですが、とても楽しんでいらっしゃるようですね」

このように、自分が感じるままに返事をしてあげたほうが、相手はうれしいにちがいありません。その素晴らしさについて、あなたにもっと話したくなるはずです。

会話をするときは「幸せな動機」、つまり、「お互いにうれしい」「楽しい」と思えるような気づかいを土台にして、進められるといいですね。

感じるままに返事をすることも、関係を築く第一歩！

「楽しいこと」「うれしいこと」「ワクワクすること」に焦点を当てよう

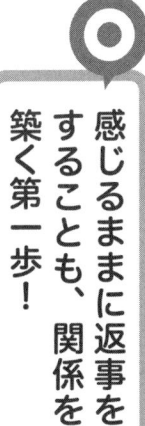

21：「会話が苦手そうな人」と話すときは？

話すことが苦手な
新人ちゃんに
どう話しかけたら
いいと思いますか？
うーん…
そういう方って
当然ながら
なるべく話したくない
はずなんですよね…
気持ちは
わかるんですが
会話に参加して
ほしいです～
あう～
ん－…
それなら
こんな方法は
どうですか？

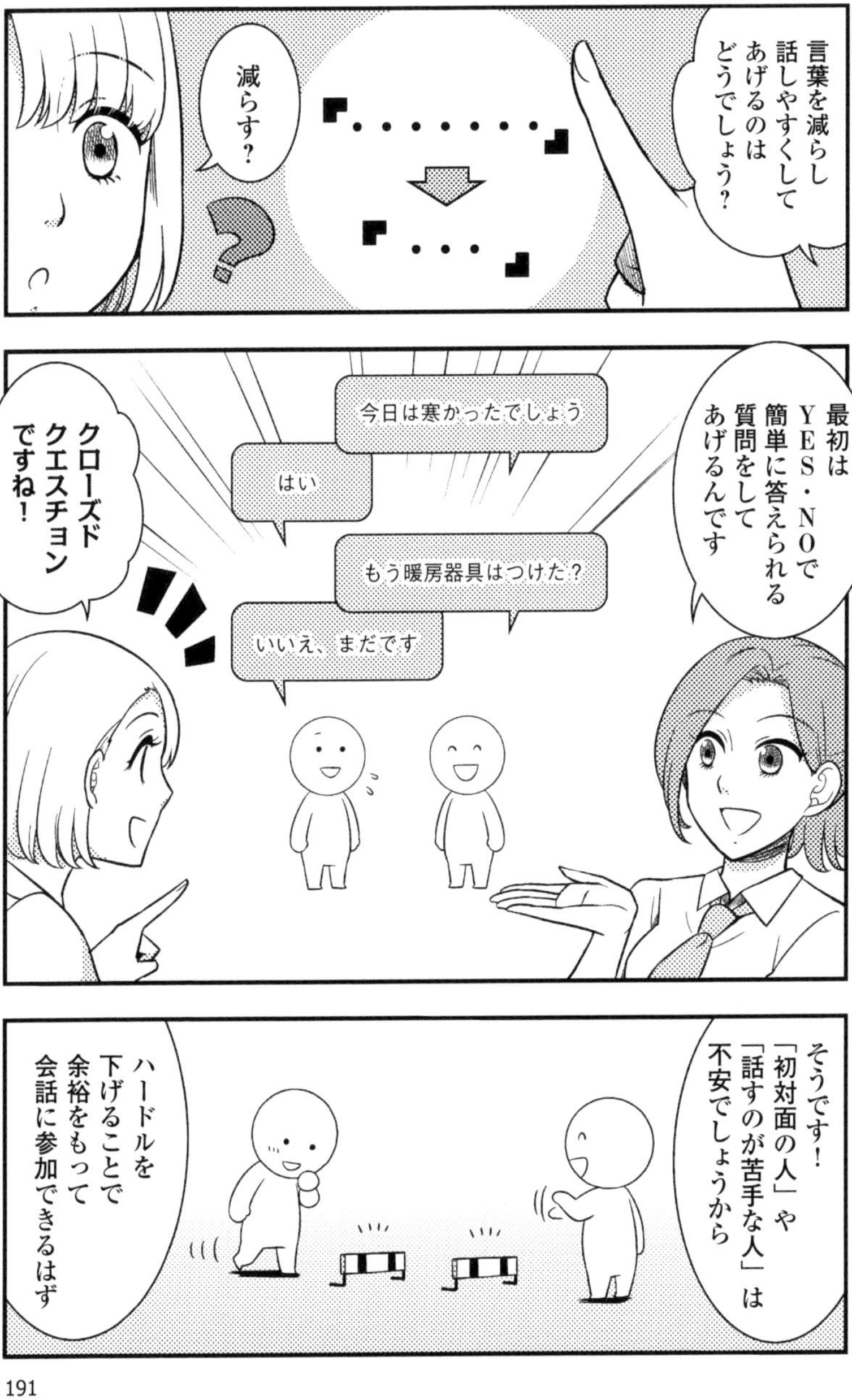
言葉を減らし話しやすくしてあげるのはどうでしょう？
減らす？
「・・・・・・・・」
「・・・」
最初はYES・NOで簡単に答えられる質問をしてあげるんです
今日は寒かったでしょう
はい
もう暖房器具はつけた？
いいえ、まだです
クローズドクエスチョンですね！
そうです！「初対面の人」や「話すのが苦手な人」は不安でしょうから
ハードルを下げることで余裕をもって会話に参加できるはず

でも　クローズドクエスチョンだと会話を広げにくくなりませんか？
YES
NO
たしかにこのままでは難しいですね
なので会話の途中にエピソードを見つけたら話題を変えるんです！
「人柄」に注目すると話が広がりやすいですよ
もう暖房はつけた？
いいえ、まだです
我慢強いんですね
もう体が慣れてしまって
なるほど～オープンクエスチョンに切り替えるんですね
OPEN
他のことでもけっこう我慢強いの？
全然！
チョコがどうしても我慢できなくて
コンビニに入るとつい買っちゃいます

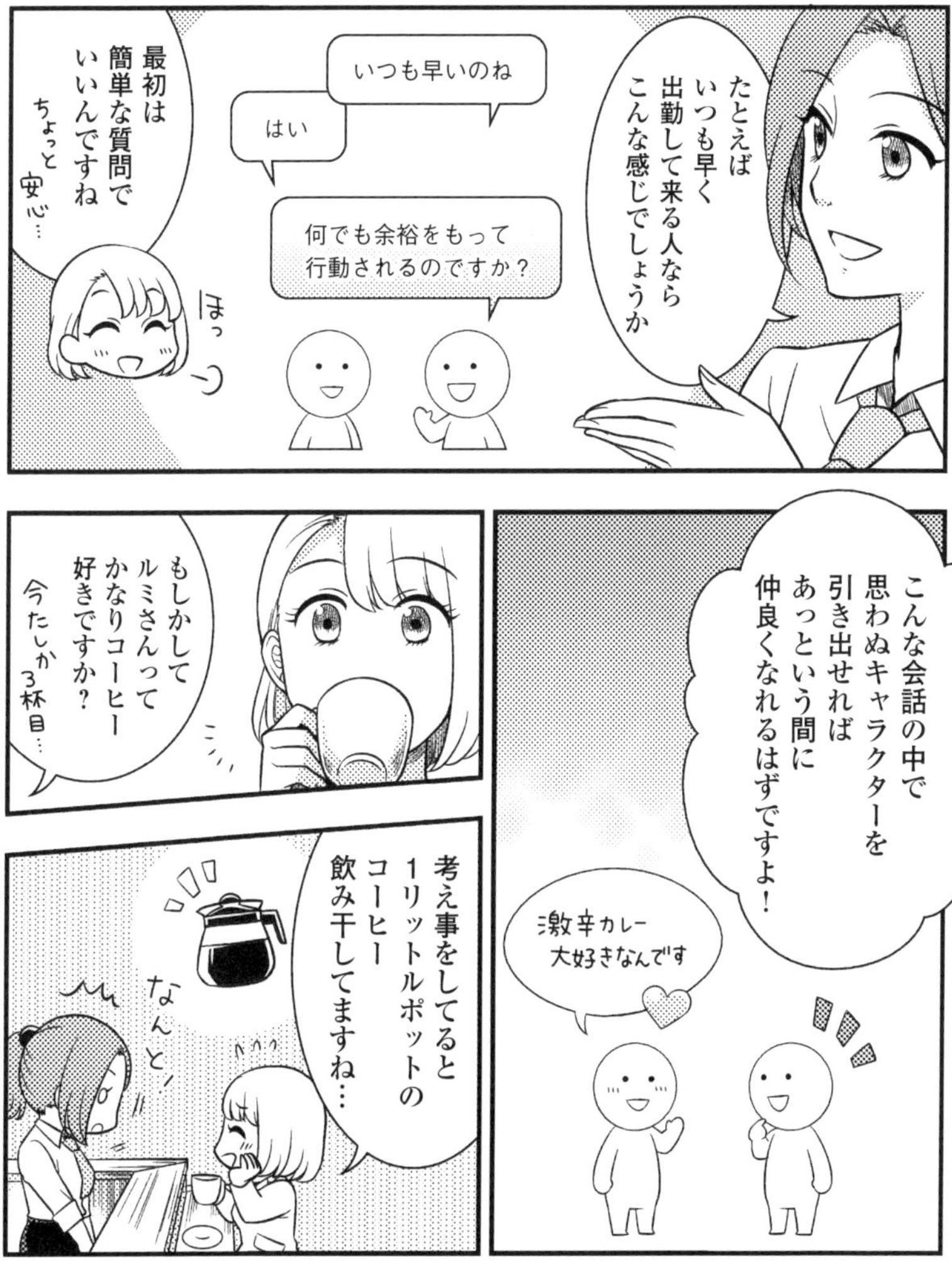

今日のレッスン

□ 相手が会話に参加しやすいように話そう

ココから
はじめる！

「YES」「NO」で答えられる質問をしてみる

あるとき、教室の生徒さんに指摘されて気づいたのですが、私は無意識のうちにクローズドクエスチョンから話をはじめているようです。そういえば、教室に15分前ぐらいにお見えになる方には、

「いつも早めにおいでになるのですね」からはじまって、**「何でも余裕をもって行動されるのですか？」**という方向に話を進めています。

会話の途中にエピソードを見つけたら話題を変えるんです！
「人柄」に注目すると話が広がりやすいですよ

ギリギリか遅刻ぎみの方には、**「気持ちの上では、間に合うように行こうとは思っているのですか？」**と聞いて、それから**「行きあたりばったりの人生？」**などと話が展開しています。この場合、ほとんどの人が笑いながら「そうです」と言って、そのときのエピソードや、ふだん、周囲の人から何と言われているか等を話してくれます。

なごんできたら、人柄を引き出す質問をしてみよう

まだ、うちとけていない人と話すときには、最初は答えやすいようにクローズドクエスチョンを使ってみましょう。その後、徐々に相手の人柄がわかるような質問をして、会話を広げていくように意識してみてください。

ココも大事！

Power Lesson

その 9

相手の「何気ない言葉」を大切にしよう

人間は自分に関心を示してくれる人が好きです。

他人に対する関心の示し方は様々ですが、その中の一つ、「相手が言った小さなこと

を覚えている」は気づきにくい重要ポイントです。

相手が話した些細な言葉を覚えているということは、あなたが相手の言葉を注意深く聞いている、ということになります。相手にしてみれば、それが自分を大切に思ってくれているということになるのです。

ある営業の女性が、私との会話中に彼女が九州へ出張に行った話をしているとき、「そういえば野口さんは、七歳のときに九州から大阪に来られたんでしたね」と思い出したように言ってくれました。かなり前に私が彼女に余談として話したことだったので、ずいぶん驚いたものです。

こういう方ですから、その後で私からちゃっかりと高額な機材の注文を取り付けました。営業職の方にとっては必須の接客ワザといえるでしょう。

相手の言った小さな事柄を覚えているということは、気を入れてその人の話を聞いているということです。そして相手の話す内容をしっかりイメージして、脳裏に焼きつけているのでしょう。

人の話を聞きながらも、その間中、自分が話すことに意識を向けている人にはできないことです。

これは恋愛にもそのまま応用が可能ですね。とくに気になる人の話はイメージを広げながらしっかり聞いて、内容を頭に焼きつけましょう。

こうすれば、臨場感を味わいながら聞くことができるので、いつもより深く共感できて一石二鳥です。

記憶に留めた内容と関わりのある話になったときに、「そうだ！　○○君はひよこが好きだったんだよね」などともち出せば、意中の相手の気持ちをつかむことができるかもしれません。

イメージを広げながら注意深く聞く習慣をもとう

7章

困ったシーン別・会話レッスン

22：話に「興味がもてない」ときは？

たとえば野球が好きな方なら野球自体の話ではなく…
相手の個性に注目して質問してみる
チケットの買い方は？
チケット予約はせず当日ふらっと行く
何を買う？
必ずビールを１杯だけ買う
BEER
どこの席を選ぶ？
応援している人も見える一番後ろの席で見るのが好き
共感できる所が見つけやすいし話も広げやすくなりますね！

ココから
はじめる！

モノ、出来事ではなく「相手」に注目する！

他人が話してくれる〝軽いネタ〟には必ずあなたが共感できる部分があり、ときに自分と全く違う姿に驚きを感じる場面があります。それはどちらも大いなる興味となって、会話を広げてくれます。

そうしたネタを引き出す秘けつは、ずばり相手の話を聞きながら、「相手そのもの」をイメージすること。

たとえば、相手が「気になっていた映画を観て来た」と話をしてくれました。

このとき、相手からネタを引き出せる人は、「どんな映画？」「役者は？」「誰と行った？」「どこの映画館？」なんて質問をして、相手の話す意欲を下げたりしません。

「映画を観ている相手」を思い浮かべてイメージをふくらませます。主人公は映画ではなく人としての相手なのです。

あなたは映画を観るときに、どんなことをしますか。どんな気持ちになりますか。「笑ったり泣いたりする」「必ず予約して行く」「スタート時間の30分前には映画館に入っている」「一番端っこの席が好き」「隣にどんな人が来るのか心配になる」「エンドロールまで見る」「ポップコーンを必ず買う」「パンフレットも必ず買う」……。

映画を観るにもいろいろなドラマが待っていることに驚くでしょう。

ここから「席は予約して行くほう？」とか「映画を観る前に買うものは？」と聞けば、人はけっこうしゃべってくれるものです。

「隣に厚かましい人が来たら嫌だよね」「どんなシーンにウルウルきちゃう？」なんていう質問ができたら、だいたい話ははずむもの。相手からまとまった話が出てくる可能性が高いからです。

自分とは全く違う人生、行動、言葉に出会ったときの驚き。その生のドラマに、あなたは映画よりも深く心を動かされるのです。

そして「ああ、人間って面白い」って心で叫ぶでしょう。

23：自分の話をする「タイミング」とは？

迷ったら まず 急がず 相づちを打ちながら 話し手の様子を 見てみましょう！
wait…
うん うん

いつ話に参加すればいいんでしょうか？
僕、ラーメンにこだわってるよ！
話し手が伝えたい内容がわかったとき ですね！

ココから
はじめる！

話の展開が見えてきたら、「自分の話」を挟んでみる

「先週、北海道に行ってラーメンを食べて来たよ」

さあ、相手がこんな話をはじめました。まず聞き手に求められるのはいい反応です。

「へー、いいですね♪」

「すっごい行列でね、1時間ぐらい並んだよ。ラーメン専門の情報サイトで見つけた店で、どうしても行きたくなってね」

ようやく相手の意図が見えてきました。相手はかなりのラーメン通とお見受けしました。**話の流れが見えたら、あなたもおしゃべりに参加しましょう。**かまうもんですか。注意することはひとつ。相手の話したいコースから外れないように、そして自分の話が終わったら、また相手が話の続きを話せるようにすることです。

24：相手を引き込むコツとは？

ココから
はじめる！

一度に話す情報は2つまでにする

聞き手はあなたの話をひとつずつ頭の中で思い浮かべながら聞いています。

ここで重要な事実を覚えておいてください。聞き手が聞いた話を同時に頭に浮かべることができるのは、せいぜい2つということです。

「この間、ようやくスカイツリーに行ってきたんだけど、前売り券を買ってなくって」これが限界。人は他人の話をちょっといい加減に聞いているものです。

実際に話すときは、聞き手がうまくイメージできるように、ひとつ話したら間をあけて、聞き手がイメージする時間をつくります。

話の間隔は、初めは多めに。時間にすると2秒ほどです。すると聞き手は相づちを打つようになります。少し話す、相づちを打つ、また少し話す、相づちを打つ。このやりとりを意識してつくると、会話にテンポが生まれます。

25：年代、立場が違う人と話すときは？

世代の違う人と話すのって　共通点が見つけられないので難しいですね
シュミもあわないし…
えーと…
あら共通点ならたくさんあると思いますよ？
だってにんげんだもの
通勤
満員電車
渋滞
朝ご飯
バナナと牛乳大好き！
納豆大好き！
たしかに近いことしてた！
共通点を探りながらお互いの違いを楽しむことで会話がはずむことうけあい！

ココから
はじめる！

まずは否定せずに受け止める

年代や立場の違う人と話すときのきっかけですが、実は住む世界がどうだろうと、共通点はあるものです。「天気」と「カレンダー」は〝いま、この場〟を共有する者同士であれば、必ず共通する話題でしょう。「暖かくなってきましたねー」「もうすぐ年末ですねー」「今日は金曜日ですねー」など、スタートはいつも同じです。

なお、世代が違う人や立場が違う人と会話をするときのコツは、相手の存在をそのまま受け止めようとすること。こうすれば、価値観の違う人とも話ができます。

もしも、相手が年下で、「私たちはもう紅白なんて見ないですよ」と言ったら、「あなた方の年代の人は、もう紅白を見ないのね」とまずは相手の世界を受け入れます。このように、**「あなたは……なんですね」とありのままを受け入れる言い方をマスターしましょう。**どんな世界の人とも楽しく会話ができるようになりますよ。

26：上司と二人きりになったら？

そうですね～ 私の場合 慣れない人と 二人きりに なったら…
困ったら、
外の風景からネタ探し
ネタ①
ネタ②
ネタ③
車の中なら 風景が変わるから ネタもたくさん
ネタ
ネタ
ネタ
ネタ
ネタ
地下鉄に 乗ってたら どうしましょ？
ネタの宝庫！
どれにしよう…
吊り広告なんて いかがでしょ？

ココから
はじめる！

周辺の話題で軽くウォーミングアップする

たとえば、車の中で上司と二人きりになったとき、どうすればいいのか。

こういうときは車窓から見える風景を話題にしながら様子を見て、次第に相手の人柄に迫っていきましょう。窓から見えるものを題材にして、自ら話題を提供します。

問題は、相手が「ああ、そう」という程度の反応しかしてくれないときです。

今度は、車窓から見える人たちの振舞いをもとに、上司の人間性に迫ります。

「○○さんは、運転中、女性ドライバーには優しくするほうですか？」

この問いかけのいいところは、相手からエピソードを引き出せるところです。エピソードには話のタネがいっぱいですし、人柄についての情報も詰まっています。

いったんエピソードを話してしまうと、人は後から後から話すことがわいてきますから、そうなれば大成功です。

27：営業先では？

最初の雑談は
自分に近い話ほど
楽しいはず！
なので…
営業先の周辺や
会社そのものをネタに
よさそうなカフェ
CAFE
近くのおいしそうなランチの店
定食
相手会社の建物や設備
でかっ
近所のペットとか
世間話より
地元の話のほうが
盛り上がったり
しますもんね！
あー！
あそこの角の…
そうそう
そんな感覚です！

ココから
はじめる！

相手がスッと応じられるネタを振る

「周りにはおいしそうな定食屋さんがたくさんありますね」
「こちらのビルのエレベーターは速いですね。あっという間に30階に着きました」

などというように、営業先では顧客の会社周辺や会社そのものに焦点を当ててみましょう。一気に先方の会社の話になって仕事の話がしやすくなるでしょう。相手の話を引き出したら、そこで自分の話を短めに挟みます。

「弊社の近辺は殺風景で、立ち食いそば屋くらいしかありません」
「弊社のエレベーターは遅い上にセンサーがあまくて、人に触れてもおかまいなしに閉めようとしますから、挟まれるとすごく痛いんですよ」

相手の生活する姿が少し垣間見える話を聞かせてもらう。自分もまた家庭や働く姿をほんのりと見せる。互いのことを少し知ると親しみがわきます。

創立○周年
記念パーティー
野球がお好きなんですね！
わい
わい
応援によく行かれるんですか？
シーズン中5回は行くよ！
おお！営業くんよく気づいたね
裏にあるあの店のランチうまいんだよ
ぜひ行きたいです何かオススメのメニューはありますか？
CAFE
「会話力ついたな」って
上司にほめてもらえました！
すごい！やりましたね！

私のほうもあの引っ込み思案な新人ちゃん！徐々にうちとけてくれて
会議でもいいアイデアくれるようになったんです！
ルミさんいい感じ！
いやあ…羨ましい
私もそんなふうに部下とうまく話せたらいいんですが
会話下手なせいかどうにも…
よかったら…私がレクチャーしましょうか⁉
あ！
会話って本来どんな人とも気持ちが通じる
とっても楽しいものなんです！
CAFE

〈著者紹介〉

野口 敏（のぐち・さとし）

株式会社グッドコミュニケーション代表取締役。「話し方教室ＴＡＬＫ＆トーク」を大阪・東京で主宰。

会話に悩める人が待ち望んだ、具体的でシンプルなコミュニケーションスキルが大評判になる。全国各地から受講生が詰めかけ、これまでに５万人以上の話し方、コミュニケーションを指導し、劇的に改善させてきた。

実生活にすぐ生かせるノウハウや会話フレーズを懇切丁寧に伝授している。その温かくユーモアにあふれた人間味に惹かれて、リピートする受講生も後を絶たない。また、「収入に直結するコミュニケーション」をモットーに、スピーチ力や説明力といった仕事の成果につながるスキルも開発している。現在、大手企業の社員研修、リーダー養成など、幅広い講演活動を行っている。

主著『誰とでも 15 分以上　会話がとぎれない！話し方　66 のルール』（小社刊）は、あらゆる年代の幅広い層に支持され、90 万部を超えるヒットを記録し注目を浴びる。コミュニケーション本の第一人者として、執筆活動にも力を入れている。

話し方教室 TALK ＆トーク
http://www.e-0874.net/

〈マンガ制作〉トレンド・プロ
〈シナリオ〉酒井だんごむし　〈作画〉maki

マンガでわかる！
誰とでも 15 分以上　会話がとぎれない！話し方

2017 年 3 月 19 日　第 1 刷発行
2017 年 9 月 7 日　第 9 刷発行

著　者——野口敏

発行者——徳留慶太郎

発行所——株式会社すばる舎

東京都豊島区東池袋 3-9-7 東池袋織本ビル　〒 170-0013
TEL　03-3981-8651（代表）　03-3981-0767（営業部）
振替　00140-7-116563
http://www.subarusya.jp/

印　刷——株式会社シナノ

落丁・乱丁本はお取り替えいたします

ISBN978-4-7991-0602-0　C0030